영혼을 일깨우는
예화보고 200선

초판 1쇄 2006년 10월 30일
초판 2쇄 2006년 11월 15일

지은이 고성주
펴낸이 이명권
펴낸곳 크리스천헤럴드

등록 / 제 99-2
주소 / 서울특별시 광진구 광장동 353
전화 / 02) 446-8391, 446-8399
팩스 / 02) 452-3191
imkkorea@hanmail.net

ISBN 89-87118-33-9

값 11,000

영혼을 일깨우는

예화보고 200선

고성주 지음

크리스천헤럴드

서문

　각박한 시대를 살면서 훈훈하고 인간미 넘치는 아름다운 생의 미담을 접하기가 쉽지만은 않은 현실이다. 이러한 가운데 필자가 〈영혼을 일깨우는 감동예화 200선〉을 처음 내 놓은 지 7개월 만에 3쇄가 발행됐다는 발행인의 기쁜 소식을 접했다. 일선 강단의 목회자들과 성도님들이 그만큼 이 책을 애용해 주었다는 이야기다. 이에 힘입어 〈예화보고 200선〉을 다시 세상에 내어 놓는다. 아름다운 이야기는 나눌수록 세상은 더욱 아름다워진다. 생활의 작은 지혜들이 모여 우리들의 삶을 더욱 가치 있고 풍성하게 해 주기 때문이다.

　세상에 아름다운 예화는 많을수록 좋다는 것이 필자의 평소 생각이다. 묻히고 잊혀져가는 아름다운 예화들을 하나 둘씩 수집하고 저장하여 하나의 보배(寶貝)로운 창고를 만들겠다는 일념으로 이 책을 엮고 〈예화 보고(寶庫) 200선〉이라는 제목을 달았다. 본서의 구성은

〈감동 예화 200선〉과 같은 패턴을 따라 큰 주제를 20개 항목으로 설정하고, 다시 작은 주제를 각각 10개씩 모았다. 사랑, 나눔, 믿음, 행복 등의 순서로 이어지는 본서는 우리들의 생활 주변에서 일어난 짧은 예화들을 모아 엮은 것이다. 신앙인이나 비신앙인 할 것 없이 누구든지 쉽게 읽고 교훈을 얻을 수 있도록 다양한 채널을 통해 다방면의 실화들을 엮었다.

매일 아침 뉴스나 신문을 접하다 보면 우리는 세상에 바람직하지 못한 온갖 불행한 일들이 날마다 생겨나고 있는 것을 볼 수 있다. 전쟁이나 폭력, 자살, 테러, 교통사고, 환경파괴 등 갖가지 부정의한 일들이 꼬리에 꼬리를 물고 발생하고 있다. 이 모든 일들이 발생하는 근원에는 성급한 마음, 어리석은 마음이 도사리고 있다. 현대에 사는 우리는 무엇보다 마음을 정화하는 일이 시급하다. 성서에도 '마음이 청결한 자가 복이 있다.'고 했다. 마음이 청결한 사람이 세상을 맑게 하기 때문이다. 아름다운 언어와 아름다운 행실에는 언제나 아름다운 마음, 청결한 마음이 있다. 아름다운 꽃을 보고 있으면 우리의 마음도 아름다워지는 것처럼, 한편의 아름다운 예화를 듣고 있으면 우리의 마음도 저절로 아름다워지는 경험을 하게 된다. 모쪼록 본서 〈예화 보고 200선〉을 통해 이 책을 읽는 이의 가슴마다 아름다운 평화와 사랑의 마음이 물결치기를 기대해 본다.

이 책을 발행하는 이 시점에 본인은 그리스도 대학교 총장이라는 중책을 수행하게 되었다. 역사와 학교, 그리고 하나님 앞에 부끄러움이 없는 일꾼으로 나서기를 다짐하면서, 한편으로는 또 하나의 아름다운 일화를 만들어 보겠다는 각오를 다짐하면서 본서를 세상에 내어 놓는다. 이 짧은 감동적 예화들이 한권의 책으로 나올 수 있기까지 은혜를 내려주신 하나님과 32년간의 목회 일념을 북돋아 주고 격려해 준 청량리 그리스도교회의 교우들, 그리고 총장으로 선임해준 학교법인 한국 그리스도의 교회학원 이사회(이사장 전창선)와 교직원 및 학생들에게 감사드린다. 끝으로 본서의 출판을 허락해준 크리스천헤럴드의 이명권 대표에게도 심심한 감사를 표하며, 이 책을 대하는 모든 독자들에게 하나님의 은총이 함께하길 바란다.

2006년 10월 31일 **高 星 柱**

목차

PART
1

사 랑

1
진리와 사랑

진리와 사랑은 동전의 앞뒷면과 같다.

그리고 비록 실천하기는 매우 어렵지만

우리의 삶을 바칠 만한 최상의 가치를 지니고 있다.

신의 모든 피조물들을 사랑하지 않는 사람은

진리에 이를 수 없다.

진리와 사랑은 완전한 희생을 요구한다.

진리를 떠난 사랑은 존재하지 않는다.

비록 애국심이나 부상자에 대한 연민의 정이나

젊은 남녀 간의 애정의 감정 같은 것이 있을 수는 있어도

사랑은 절대적으로 공평하며

모든 동물적 본성을 초월한다.

진실한 사랑은 바다처럼 경계가 없다.

우리 마음속에서 샘솟아 올라

밖으로 널리 퍼져 나간다.

모든 경계와 한계를 초월하여

마침내 온 세상을 뒤덮는다.

- 〈간디 명상록〉 중에서 -

2
노부부의 사랑

부부 금실이 좋기로 유명한 노부부가 있었다. 그들은 부유하지는 않았지만 서로를 위해 주며 아주 행복하게 살았다. 그런데 할아버지가 아파서 병원에 치료를 다니면서부터 할머니를 구박하기 시작했다.

"약 가져와라." "여기요."

"물은?" "여기요."

"아니 , 뜨거운 물로 어떻게 약을 먹어?'

그러면서 할아버지는 컵을 엎어 버렸다

그래서 할머니가 다시 물을 떠 왔더니, "아니 그렇다고 찬물을 가져오면 어떡해?' 하면서 물을 또 엎었다.

손님들이 찾아오자, 할아버지는 먹을 거 안 가져온다고 소리쳤다.

'당신이 하도 난리를 피우는 바람에 저도 지금 정신이 병병해서 그만 ...'

"이기 , 어디서 말대답이고?'

"손님들 계신데 너무 하시네요.

할머니는 결국 눈물을 훔치며 밖으로 나갔다. 보다 못한 손님 중의 한 사람이 조심스럽게 말했다.

"어르신네, 왜 그렇게 사모님을 못살게 구세요"

그러자 한참동안 아무 말도 안 하던 할아버지가 한숨을 내쉬며 입을 열었다.

"저 할망구가 마음이 여려서 나죽고 나면 어떻게 살지 걱정이 돼
서……"

할아버지의 눈엔 어느새 눈물이 가득 고였다. 얼마 뒤 할아버지는 돌
아가셨다. 그리고 그 무덤가 곁에 우두커니 서서 눈물을 훔치고 있는
할머니가 있었다.

3
아름다운 프로포즈

작곡가 멘델스존의 할아버지인 모세 멘델스존의 결혼은 불리한 조
건에서 이루어진 극적인 성공담이었기에 아름다운 향기를 남긴다.

그는 무엇보다도 곱사등이로 키도 남달리 작았고, 얼굴도 잘생긴
것과는 너무나 거리가 먼 사람이었다. 그런 그였기에 여인들이 그에
게 관심을 조금도 주지 않았다.

어느 날 그가 함부르크에 있는 한 상인의 집을 방문했다가 프룸체
라는 아름다운 여인을 알게 되었다. 모세는 그녀를 보는 순간 사랑에
빠졌는데 그것은 차라리 절망적인 사랑에 가까웠다. 대부분 그러했듯
이 프룸체 역시 그의 기형적인 모습에 눈길 한번 주지 않았다. 집으
로 돌아가야 할 시간이 되었을 때 모세는 용기를 내어 프룸체에게 접
근해 대화를 시도했다.

"당신은 결혼이라는 것을 하늘에서 맺어주는 것임을 믿나요?"

프룸체는 여전히 창밖으로 고개를 돌린 채 차갑게 대답했다.

"그래요. 그러는 당신도 그것을 믿나요?"

모세가 대답했다

"예. 믿습니다. 제가 태어났을 때에도 신이 찾아와 저의 신부를 알려주었습니다. 그런데 신은 이런 말씀을 한마디 더 하셨습니다. 하지만 그대의 아내는 곱사등이일 것이다. 저는 그때 그 자리에서 필사적으로 소리쳤답니다. 안됩니다. 신이시여! 여인이 곱사등이가 되는 것은 비극입니다. 차라리 저를 곱사등이로 만드시고 신부에게는 아름다움을 주십시오. 이렇게 해서 저는 곱사등이로 태어나게 되었던 것입니다."

이 말을 듣자 프룸체는 고개를 돌려 모세의 눈을 정면으로 바라보았다. 마치 어떤 아련한 옛 기억을 더듬어 올라가는 듯 모세를 자세히 관찰하기 시작했다. 그리고는 살며시 다가와 모세의 손을 잡으며 조용히 웃었다. 그리고 훗날 그녀는 모세의 헌신적인 아내가 되었다.

4
할아버지의 표현

금슬이 좋은 부부가 있었다. 몹시 가난했던 젊은 시절, 그들의 식사는 늘 한조각의 빵을 나누어 먹는 것이었다. 그 모든 어려움을 사랑과 이해로 극복한 뒤 안정된 생활을 할 수 있게 되자 그들은 결혼

40주년에 금혼식을 하게 되었다. 많은 사람들의 축하 속에서 부부는 무척 행복했다.

손님들이 돌아간 뒤 부부는 늦은 저녁을 먹기 위해 식탁에 마주앉았다. 하루 종일 손님을 맞이하느라 지쳐있었으므로 그들은 간단하게 구운 빵 한 조각에 잼을 발라 나누어 먹기로 했다.

"빵 조각을 앞에 두고 마주앉으니 가난했던 시절이 생각나는군."

할아버지의 말에 할머니는 고개를 끄덕이며 지난날의 기억을 떠올리는 듯 잔잔한 미소를 지어 보였다. 할아버지는 지난 40년 동안 늘 그래왔듯이 할머니에게 빵의 제일 끝부분을 잘라 내밀었다. 그런데 바로 그때 할머니가 갑자기 얼굴을 붉히며 몹시 화를 내는 것이었다.

"역시 당신은 오늘 같은 날에도 내게 두꺼운 빵 껍질을 주는군요. 40년을 함께 살아오는 동안 난 날마다 당신이 내미는 빵 부스러기를 먹어 왔어요. 그 동안 당신에게 늘 그것이 불만이었지만 섭섭한 마음을 애써 참아왔는데. 하지만 오늘 같이 특별한 날에도 당신이 이럴 줄은 몰랐어요. 당신은 내 기분을 조금도 헤아릴 줄 모르는군요."

할머니는 분에 못 이겨 마침내 눈물을 흘리고 말았다. 할머니의 갑작스러운 태도에 할아버지는 몹시 놀란 듯 한동안 머뭇거리며 어쩔 줄 몰라 했다. 할머니가 울음을 그친 뒤에야 할아버지는 더듬더듬 이렇게 말하는 것이었다.

"당신이 진작 이야기해주었더라면 좋았을 텐데. 난 몰랐소. 바삭바삭한 빵 끄트머리는 내가 가장 좋아하는 부분이었소..."

5

사랑채(茶) 만드는 법

사랑차 준비물

(1) 성냄과 불평은 뿌리를 잘라내고 잘게 다진다.

(2) 교만과 자존심은 속을 빼낸 후 깨끗이 씻어 말린다.

(3) 짜증은 껍질을 벗기고 반으로 토막을 낸 후에 넓은 맘으로 절어 둔다.

사랑차 끓이는 방법

(1) 주전자에 실망과 미움을 한 컵씩 붓고, 씨를 잘 빼낸 다음 불만을 넣고 푹 끓인다.

(2) 미리 준비한 재료에 인내와 기도를 첨가하여 재료가 다 녹고 쓴 맛이 없어지기까지 충분히 달인다.

(3) 기쁨과 감사로 잘 젓고, 미소를 몇 개 띄운 후, 깨끗한 믿음을 잔에 부어서 따뜻하게 마신다.

6

사랑의 의미

6.25 직후 나병 환자 수용소에 미국 로터리 클럽 회원들이 방문했

던 적이 있었습니다. 거기에 미국에서 파견 나온 간호 선교사 한 사람이 나병 환자의 고름이 흐르고 있는 상처를 치료하고 있었습니다. 로터리 클럽 회원 중 한 사업가가 그 장면을 카메라에 담기 위해 사진을 찍으면서 말했습니다.

"이것은 백만 불짜리 가치가 있는 모습이다. 그러나 나는 누가 나에게 백만 불을 주어도 이 일을 못할 것이다."

간호 선교사는 이 사업가를 바라보면서 대답했습니다.

"저도 그 일을 못합니다."

이 대답을 듣고 사업가가 당황하면서 물었습니다.

"그렇다면 당신은 어떻게 그 일을 할 수 있소?"

"그리스도의 사랑 때문입니다. 십자가에서 저를 향해 보여 주신 조건 없는 그 놀라운 사랑 때문입니다. 제가 그를 신뢰했을 때 저에게 놀라운 죄사함의 은혜를 베풀어 주시고, 저를 의롭다 하시고, 저를 하나님의 자녀로 삼아 주시고, 저에게 영생을 허락하시고 지금 제 삶의 길을 인도하시는 하나님의 사랑 때문입니다."

7

참된 사랑

누구나 위대한 사람이 될 수 있다. 왜냐하면 누구나 남에게 필요한 존재가 될 수 있으니까. 대학을 가고 학위를 따야만 남에게 필요한 존재가 되는 것은 아니다. 학식 있고 성공해야만 그렇게 할 수 있는 것이 아니다. 사랑으로 가득 채워진 가슴만 있으면 된다. 영혼은 사랑으로 성장하는 것이니까.

또한 참된 사랑이란 사랑을 얻기 위해 무엇이든 다 해주는 것이 아니라 사랑을 얻고 난 후에 변함없이 사랑해 주는 것이다.

8
부와 성공과 사랑

한 여인이 집 밖으로 나왔다. 그녀의 정원 앞에 앉아 있는 하얗고 긴 수염을 가진 3명의 노인을 보았다. 그녀는 그들을 잘 알지 못하였다.

"나는 당신들을 잘 몰라요. 그러나 당신들은 많이 배고파 보이는군요. 저희 집에 들어 오셔서 뭔가를 좀 드시지요."

"집에 남자가 있습니까?"

그들이 물었다.

"아니요. 외출 중입니다."

"그렇다면 우리는 들어 갈 수 없습니다."

저녁이 되어 그녀의 남편이 집에 돌아 왔다. 그녀는 남편에게 낮에 일어난 일을 이야기하였고, 남편은 그들에게 가서 자기가 집에 돌아 왔다고 말하고, 그들을 안으로 모시라고 하였다. 부인은 밖으로 나갔고 그 노인들을 안으로 들라고 초대하였다.

그들이 대답하길, "우리는 함께 집으로 들어가지 않는다."라고 하였다. "왜죠?"라고 그녀가 물었다. 노인 중 한 사람이 설명하였다.

"내 이름은 부(富)"입니다. 다른 친구들을 가리키며 '저 친구의 이름은 성공(成功)'이고 다른 친구의 이름은 사랑(Love)입니다. 그리고 부연 설명하기를, "자, 이제 집에 들어 가서서 남편과 상의하세요. 우리 셋 중에 누가 당신의 집에 거하기를 원하는 지."

부인은 집에 들어가 그들이 한 말을 남편에게 이야기했고, 그녀의 남편은 매우 즐거워했다. "굉장하네." 남편이 말했다. "이번 경우, 우리 '부'를 초대합시다. 그를 안으로 들게 해서 우리 집을 부로 가득 채웁시다."

부인은 동의하지 않았다.

"여보, 왜 '성공'을 초대하지 않으세요?"

그들의 며느리가 한쪽에서 그들의 대화를 듣고 있었다. 그 며느리가 그녀의 생각을 내 놓았다.

"사랑을 초대하는 것이 더 낫지 않을까요? 그러면 저희 집이 사랑으로 가득 차게 되잖아요."

"우리 며느리의 조언을 받아들입시다."

남편이 부인에게 말했다.

"밖에 나가 '사랑'을 우리의 손님으로 맞아들입시다."

부인이 밖으로 나가 세 노인에게 물었다.

"어느 분이 '사랑'이세요? 저희 집으로 드시지요."

'사랑'이 일어나 집안으로 걸어가기 시작했다. 다른 두 사람(부와 성공)도 일어나 그를 따르기 시작했다. 놀라서, 그 부인이 부와 성공에게 물었다.

"저는 단지 '사랑'만을 초대했는데요. 두 분은 왜 따라 들어오시죠?"

두 노인이 같이 대답했다.

"만일, 당신이 부 또는 성공을 초대했다면, 우리 중 다른 두 사람은 밖에 그냥 있었을 거예요. 그러나 당신은 '사랑'을 초대했고, 사랑이 가는 어느 곳에나 우리 부와 성공은 그 사랑을 따르지요. 사랑이 있는 곳, 어디에도 또한 '부'와 '성공'이 있지요."

9
제품명 : 사랑

용법 및 용량

상처받지 않을 만큼만 사랑할 것.

부담주지 않을 만큼만 사랑할 것.

헤어져도 미워지지 않을 만큼만 사랑할 것.

깨어 있을 때와 그렇지 않을 때

바쁠 때와 그렇지 않을 때

함께 있을 때와 그렇지 않을 때

살아있을 때와 그렇지 않을 때 사랑할 것!

효능

세상이 무조건 아름다워 보이고 사람들이 행복해 보인다.

입에서 콧노래가 떠나지 않고 끊임없이 기대감이 생긴다.

열등감이 사라지고 마음이 자유롭다.

살아있음에 대하여 감사하게 된다.

보관방법

마음속 깊은 곳에 간직할 것.

변질되지 않도록 상호 간에 끊임없는 노력과 관심을 요함.

유효기간 : 사람에 따라 천차만별

사용 시 주의사항 : 다음 사항들을 늘 염두에 두세요.

　　상대방을 배려할 것.

　　끝까지 믿을 것.

　　우선 참을 것.

　　슬픔도 기쁨도 함께 나눌 것.

　　화내지 말 것.

　　성급해 하지 말 것.

　　있는 그대로의 나를 보이고 있는 그대로의 상대를 받아들일 것.

부작용 : 이루어지지 않을 경우 절망에 빠질 위험이 있으니 주의해야
　　　　함.

경고 : '집착과 사랑' 두 가지는 유사하니 반드시 꼼꼼히 살펴보십

시오!

권장소비자 가격 : 돈으로 헤아릴 수 없음. 희생으로만 구입가능!

제조원 : 천국 주식회사

제조 및 공급자 : 하나님

10
'Like' 와 'Love' 의 차이

좋아하는 맘은 아이스크림처럼 달콤한 향기고
사랑하는 맘은 후로랄 향수처럼 어지러운 거다.

좋아하는 사이는 정답게 얘기하는 거고
사랑하는 사이는 말 못하고 얼굴만 빨개지는 거다.

좋아하는 사이가 봄날의 싱그러움이라면
사랑하는 사이는 가을날의 눈물 같은 거다.

좋아하는 마음은 사탕을 주는 기쁨이고

사랑하는 마음은 붉은 장미 한 송이를 기다리는 설레임이다.

좋아하는 마음은 밀크커피고
사랑하는 마음은 블랙커피다.

좋아하는 이의 편지에는 사랑한단 말뿐이고
사랑하는 이의 편지에는 한숨뿐인 거다.

좋아하는 이의 마지막엔 '안녕' 이란 미소에 '담에 또'란 메모를 남
길 수 있는 거고
사랑하는 이의 마지막엔 차마 '안녕' 이란 말을 쓸 수 없는 빈 메모
같은 거다.

좋아하는 이는 내일 주어야 할 맘에 기뻐하는 거고
사랑하는 이는 오늘 주지 못한 맘에 안타까워하는 거다.

좋아하는 이와의 이별은 소리 내어 우는 거고
사랑하는 이와의 이별은 뒤돌아 소리 없이 흐느끼는 거다.

좋아하는 이와 사랑은 귀부터 시작하는 거고
사랑하는 이와 애절함의 시작은 눈부터 시작하는 거다.

좋아하는 이와 헤어질 땐 귀를 막으면 되지만

1. 사랑

사랑하는 이와 헤어질 땐 눈을 감아도 뜨거운 게 흘러내려 가슴을
아프게 하는 거다.

좋아하는 맘은 어린애 같은 맘이고
사랑하는 맘은 성숙한 처녀 같은 맘이다.

좋아하는 이의 기다림은 늦게 왔다고 투정할 수 있는 거고
사랑하는 이의 기다림은 좀 전에 왔다고 받아줄 수 있는 거다.
좋아하는 이의 대접은 우동이라서 '미안'하는 거고
사랑하는 이의 대접은 라면이라도 '정성'이라 하는 거다.

좋아하는 이의 감정은 무덤에 함께 묻을 수 있는 거고
사랑하는 이의 감정은 지옥까지도 함께 할 수 있는 거다.

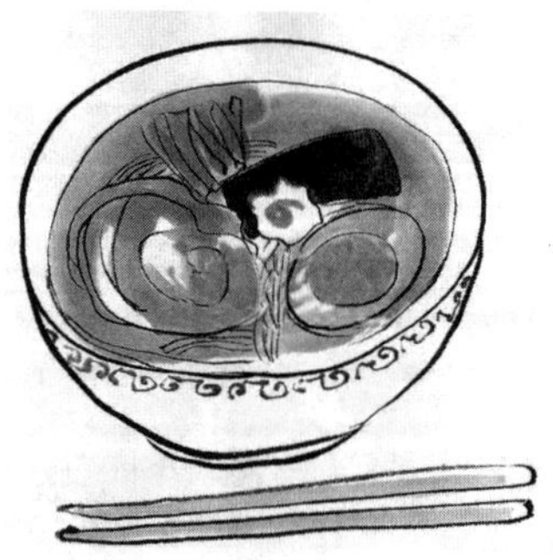

PART
2

나눔

5달러짜리 자전거

외국의 어느 자전거 경매장에서 있었던 일입니다. 그날따라 많은 사람들이 찾아와 저마다 좋은 자전거를 적당한 값에 사기 위해 분주한 모습이었습니다. 그런데 그 경매장 맨 앞자리에 한 소년이 앉아 있었고, 소년의 손에는 5달러짜리 지폐 한 장이 있었습니다.

소년은 아침 일찍 나온 듯 초조한 얼굴로 그 자리를 지키고 있었습니다. 드디어 경매가 시작되었고, 소년은 볼 것도 없다는 듯 제일 먼저 손을 번쩍 들고 "5달러요!"하고 외쳤습니다. 그러나 곧 옆에서 누군가 "20달러!"하고 외쳤고, 그 20달러를 부른 사람에게 첫 번째 자전거는 낙찰되었습니다. 두 번째, 세 번째, 네 번째도 마찬가지였습니다. 5달러로는 어림도 없었습니다. 보다 못한 경매사는 안타까운 마음에 슬쩍 말했습니다.

"꼬마야, 자전거를 사고 싶거든 20달러나 30달러쯤 값을 부르거라."

"하지만 아저씨, 제가 가진 돈이라곤 전부 이것뿐이에요."

"그 돈으론 절대로 자전거를 살 수 없단다. 가서 부모님께 돈을 더 달라고 하려무나."

"안돼요. 우리 아빠 실직 당했고, 엄만 아파서 돈을 보태 주실 수가 없어요. 하나밖에 없는 동생한테 꼭 자전거를 사 가겠다고 약속했단 말이에요."

소년은 아쉬운 듯 고개를 떨구었습니다. 경매는 계속되었고 소년은 자전거를 사지 못했습니다. 하지만 여전히 제일 먼저 5달러를 외쳤고, 어느새 주변 사람들이 하나둘씩 소년을 주목하게 되었습니다. 드디어 그 날의 마지막 자전거. 이 자전거는 그 날 나온 상품 중 가장 좋은 것으로 많은 사람들이 그 경매를 고대했었습니다.

"자, 최종 경매에 들어갑니다. 이 제품을 사실 분은 값을 불러 주십시오."

경매가 시작되었습니다. 소년은 풀죽은 얼굴로 앉아 있었지만 역시 손을 들고 5달러를 외쳤습니다. 아주 힘없고 작은 목소리였습니다. 순간 경매가 모두 끝난 듯 경매장 안이 조용해졌습니다. 아무도 다른 값을 부르지 않는 것이었습니다.

"5달러요. 더 없습니까? 다섯을 셀 동안 아무도 없으면 이 자전거는 어린 신사의 것이 됩니다."

사람들은 모두 팔짱을 낀 채 경매사와 소년을 주목하고 있었습니다.

"5… 4… 3… 2… 1."

"와~아!"

마침내 소년에게 자전거가 낙찰되었다는 경매사의 말이 떨어졌고, 소년은 손에 쥔 꼬깃꼬깃한 5달러짜리 지폐 한 장을 경매사 앞에 내놓았습니다. 순간 그 곳에 모인 사람들이 자리에서 모두 일어나 소년을 향해 일제히 박수를 치는 것이었습니다.

12
27프랑의 헌금

프랑스 파리의 어느 교회에서 선교사를 보내기 위한 헌금을 하는 중이었습니다. 서양에서는 헌금 접시를 돌릴 때 큰돈을 가졌는데 적게 내고 싶으면 헌금 접시에 큰돈을 놓고 잔돈을 거슬러 갈 수 있도록 되어 있습니다. 자기 형편대로 하고 싶은 만큼 하는 것은 흉이 되는 것이 아니기 때문입니다.

아무튼 그 헌금 접시가 어느 눈먼 사람 앞에 멈추었습니다. 그 사람은 1프랑도 헌금할 수 없는 형편의 사람이었습니다. 그런데 27프랑을 접시에 세어서 놓는 것이었습니다. 깜짝 놀란 옆 사람이 물었습니다.

"당신이 어떻게 그 많은 돈을?"

눈먼 사람은 웃으며 대답했습니다.

"저는 눈이 안 보이지요. 그런데 제 친구에게 물어보니 저녁 때 불을 켜는 비용이 일 년에 27프랑이 든다고 하더군요. 저는 불을 켤 필요가 없으니 일 년이면 이만큼의 돈을 저축할 수 있겠구나 생각하고 모은 거죠. 그래서 예수님을 몰라 어두운 곳에 있는 사람들에게 참 빛이 비치도록 하고 싶었습니다."

13
가장 중요한 시험 문제

간호학교에 입학한 지 두 달이 지난 어느 날이었다. 교수님은 수업 시간에 강의 대신 간단한 문제가 수록된 시험지를 돌렸다.

수업을 착실하게 들었던 나로서는 별로 어렵지 않게 문제를 풀어 나갈 수 있었다. 그러나 마지막 문항에서 막혔다.

"우리 학교를 깨끗하게 청소해주는 아주머니의 이름은?"

이것이 시험문제라고 할 수 있는가! 난 이 아주머니를 여러 번 봐 왔다. 검정 머리에 키가 크고 나이는 오십대쯤 보였는데 이름은 뭐지? 난 마지막 문제의 답을 공란으로 두고 답안지를 제출했다. 모두 답안지를 제출하고 난 후 한 학생이 마지막 문항도 점수에 반영되는 것이냐고 물었다.

"물론이지."

교수님은 말씀하셨다.

"여러분은 간호사로서 앞으로 수많은 사람들을 대하게 될 것입니다. 한 사람 한 사람 모두가 중요한 사람들입니다. 이들은 여러분의 각별한 주의와 배려를 받을 권리가 있습니다. 어떤 경우라도 여러분은 항상 이들에게 먼저 미소를 보내야 하고, 먼저 인사를 건네야 합니다."

지금도 난 그 강의를 절대 잊지 않고 있다. 청소 아주머니의 이름이 도로시였다는 것도.

- 〈내 마음의 생수 61잔〉 중에서 -

14
아이의 도움

작가이며 유명한 연설가인 레오 버스카글리아가 한 번은 자신이 심사를 맡았던 어떤 대회에서 말한 적이 있다. 그 대회의 목적은 남을 가장 잘 생각할 줄 아는 아이를 뽑는 일이었다. 레오 버스카글리아가 뽑은 우승자는 일곱 살의 아이였다.

그 아이의 옆집에는 최근에 아내를 잃은 나이 먹은 노인이 살고 있었다. 그 노인이 우는 것을 보고 어린 소년은 노인이 사는 집 마당으로 걸어갔다. 그리고는 노인의 무릎에 앉아 있었다. 엄마가 나중에 아이에게 이웃집 노인께 무슨 위로의 말을 했느냐고 묻자 어린 소년은 말했다.

"아무 것도 하지 않았어요. 다만 그 할아버지가 우는 걸 도와드렸어요."

15
슈바이처의 명언

당신은 당신의 동료들을 위해 시간을 내야 한다.

설령 그것이 아무리 작은 일일지라도 다른 사람을 위해 뭔가를 하라.

그것을 하는 특권 외에는 아무런 보상도 바라지 않는 뭔가를.......

16
가장 아름다운 손

어느 왕궁에 아주 아름다운 세 명의 공주가 살고 있었다. 그 궁전에는 맑은 시냇물이 흐르고 있는 우아한 정원이 있었다. 그 정원에는 아름다운 장미가 가득 피어 온통 장미향으로 가득 찼다.

어느 날 그 세 공주는 정원에서 놀던 중 우연히 누구의 손이 가장 아름다운가? 하는 물음을 제기하게 되었다. 그들 중 나이가 가장 많은 엘리나 공주는 딸기를 따느라고 손가락이 빨갛게 물든 자신의 가늘고 하얀 손을 보며 가장 아름답다고 생각하였다. 두 번째 공주인 안토니네트는 향기로운 장미꽃을 만지며 그 촉촉하고도 달콤한 꽃잎의 촉감을 느낄 수 있는 자신의 손을 가장 아름답다고 생각하였다.

가장 어린 조안나 공주는 맑은 시냇물에 그녀의 우아한 손가락을 담그고 투명한 에메랄드빛의 보석을 그녀의 여린 손가락 위에 올려놓았다. 그러자 물빛에 반사된 보석의 휘황찬란함으로 그녀의 손은 환상적이고도 아름다운 빛으로 반짝거렸다. 따라서 그녀는 세상에서 이보다 아름다운 손은 없을 거라고 생각했다.

그런데 바로 그 순간 한 거지가 그녀들에게 다가와 구걸을 하였다. 그러나 세 공주는 그들의 우아한 옷을 망칠까봐 그 거지를 벌레 보듯하며 모두 도망쳐 버렸다. 그러자 그 거지는 근처의 농가로 들어가 다시 구걸을 했다. 그 집에는 햇볕에 얼굴이 까맣게 그을린 한 여인이 있었는데 그 거지를 보자 인자한 미소를 띠우며 다가왔다. 그리고는 매우 거칠고 매듭이 보기 싫게 튀어나온 손으로 먹을 것을 나누어 주었다.

순간 거지는 순식간에 천사로 변하였다. 그런 후 세 공주가 놀고 있던 정원에 다시 나타나 다음과 같이 말하였다.

"가장 아름다운 손이란 항상 다른 사람을 도울 준비가 되어 있는 손이랍니다."

17
황금 물고기

어느 연못에 아름다운 황금색 비늘을 가진 물고기가 살고 있었죠. 다른 물고기들은 그를 부러워하며 곁에 가려고 했지만, 그의 자세가 너무 도도해 아무도 접근하지 못했답니다.

황금 물고기는 혹 자신의 비늘이 다칠까봐 다른 물고기들이 다니지 않는 길로 다녔고, 마을의 축제도 멀리서 바라보기만 했죠. 언제부턴가 그는 늘 혼자였어요.

황금 물고기는 자신의 외로움을 달래줄 만한 친구가 하나도 없어 슬펐답니다. 그즈음 다른 연못에서 이사 온 물고기가 그의 아름다움에 반해 말을 걸어왔어요. 외로워하던 황금 물고기는 그를 반갑게 맞았고, 둘은 곧 친구가 되었죠.

어느 날, 이사 온 물고기가 황금 물고기에게 부탁했답니다.

"친구야 너의 아름다운 비늘을 하나만 내게 주렴."

"그것을 간직하고 싶어."

그러자 황금 물고기는 선뜻 자신의 황금 비늘 하나를 내 주었고, 좋아하는 친구를 보면서 그도 기뻐했습니다. 그것을 본 연못의 다른 물고기들은 너도 나도 황금 물고기에게 몰려와 비늘 하나만 달라고 졸랐죠.

마침내 비늘을 다 주고 난 황금 물고기는 보통 물고기처럼 되었지만, 주위에 많은 친구들이 생겨 더 이상 외롭지 않았답니다.

그 뒤 어느 날 밤. 연못을 지나가던 사람은 연못 전체가 황금색으로 반짝이는 것을 보고 깜짝 놀랐습니다. 연못 속 물고기들이 하나씩 지니고 있는 황금 비늘이 저마다 아름답게 빛나고 있었던 것이죠.

18
사람의 체온

선다 싱이라는 사람이 네팔지방의 한 산길을 걷고 있었다. 그날따라 눈보라 심하게 몰아치고 있었다. 멀리서 여행자 한 사람이 다가왔다. 방향이 같음을 확인한 그들은 동행자가 되었다.

살을 에는 추위와 거친 눈보라를 맞으며 인가를 찾기 위해 계속 발길을 옮겼지만 인가는 보이지 않았다. 얼마쯤 걷다 보니 어떤 노인 한 사람이 눈 위에 쓰러져 있었다.

선다 싱은 동행자에게 "우리 이 사람을 같이 데리고 갑시다. 그냥 두면 죽고 말겁니다." 하고 제의 했다.

그러자 동행자는 버럭 화를 냈다. "무슨 말입니까? 우리도 죽을지 모르는 판국에 저런 노인네까지 끌고 가다가는 우리 모두 다 죽게 될 거요."

사실 그렇긴 했지만 선다 싱은 불쌍한 노인을 그냥 둘 수는 없다고 생각했다. 그는 노인을 업고 눈보라 속을 한걸음 한걸음씩 걷기 시작했다. 먼저 가버린 동행자의 모습은 보이지 않았다. 노인을 등에

업은 선다 싱은 갈수록 힘이 들었다. 하지만 끝까지 참고 목적지를
향해 나아갔다.

선다 싱의 몸은 땀으로 젖었다. 선다 싱의 몸에서 더운 기운이 확
확 발산되어서인지 차츰 등에 업힌 노인이 의식을 회복하기 시작했
다. 두 사람은 서로의 체온으로 조금도 춥지 않았다.

마침내 그들은 마을에 이르렀다. 선다 싱의 눈에는 마을 입구에 한
사내가 꽁꽁 언 채로 쓰러져 있는 것이 보였다. 시체를 살펴본 그는
놀라지 않을 수 없었다. 그가 바로 자기 혼자 살겠다고 앞서가던 그
동행자였기 때문이다.

19
맛없는 자장면

종로의 한 중국집은 맛이 없으면 돈을 안 받는다. 그 집에 어느 날
할아버지와 초등학교 3학년쯤 되어 보이는 아이가 왔다. 점심시간이
막 지나간 뒤라 식당에서는 청년 하나가 신문을 뒤적이며 볶음밥을
먹고 있을 뿐이었다. 할아버지와 손자 아이는 자장면 두 그릇을 시켰
다. 할아버지의 손은 험한 일을 얼마나 많이 했는지 말 그대로 북두
갈고리였다.

아이는 자장면을 맛있게 먹었다. 할아버지는 아이의 그릇에 자신
의 몫을 덜어 옮겼다. 몇 젓가락 안 되는 자장면을 다 드신 할아버지

는 입가에 자장을 묻혀가며 부지런히 먹는 손자를 대견하다는 듯이 바라보고 있었다. 할아버지와 아이가 나누는 얘기가 들려왔다. 부모 없이 할아버지와 단둘이 사는 모양이었다. 손자가 하도 자장면을 먹고 싶어 해 모처럼 데리고 나온 길인 듯 했다. 아이가 자장면을 반쯤 먹었을 때, 주인이 주방 쪽을 대고 말했다.

"오늘 자장면 맛을 못 봤네. 조금만 줘봐."

자장면 반 그릇이 금세 나왔다. 주인은 한 젓가락 입에 대더니 주방장을 불렀다.

"기름이 너무 많이 들어간 거 같지 않나? 그리고 간도 잘 안 맞는 것 같은데. 이래 가지고 손님들한테 돈을 받을 수 있겠나."

주방장을 들여보내고 주인은 아이가 막 식사를 끝낸 탁자로 갔다. 할아버지가 주인을 쳐다보자 그는 허리를 깊숙이 숙이며 말했다.

"죄송합니다. 오늘 자장면이 맛이 별로 없었습니다. 다음에 오시면 꼭 맛있는 자장면을 드실 수 있도록 하겠습니다. 저희 가게는 맛이 없으면 돈을 받지 않습니다. 다음에 꼭 다시 들러주십시오."

손자의 손을 잡고 문을 열며 나가던 할아버지가 뒤를 한 번 돌아보았다. 주인이 다시 인사를 하고 있었다.

"고, 고맙구려."

할아버지는 손자에게 팔을 붙들려 나가면서 주인에게 더듬거리는 목소리로 인사했다. 주인은 말없이 환하게 웃었다.

간디의 눈물

세계인이 존경하는 '마하트마 간디'에게는 별명이 있습니다. 바로 '젓가락 간디'이지요. 마르고 빼빼한 그의 모습 때문입니다. 그러나 그 마르고 작은 사람의 정신은 참으로 위대합니다.

그가 하루는 캘커타 시를 걸어가고 있는데, 한 할머니가 쭈그리고 앉아 울고 있었습니다.

마르고 거친 손을 뻗어서 도와달라고 구걸하고 있었지요. 달리 줄 것이 없었던 간디가 그 할머니의 야윈 손을 잡았습니다. 그리고 자기의 손수건을 꺼내서 할머니의 눈물을 닦아주었습니다.

"할머니 울지 마세요."

간디는 눈물이 글썽거리는 눈으로 이렇게 말합니다.

"이 모든 인도 사람들의 눈물을 제가 닦아줄 수만 있다면, 그러나 제 손은 너무나 짧군요."

누군가의 눈물을 닦아주고자 했던 그런 마음을 지닌다는 것은 세상을 바꾸는 일일 것입니다. 가슴이 넓고 큰 것과 몸이 작은 것은 아무런 상관관계가 없나 봅니다.

PART
3
행 복

21
지미 듀란테의 쇼

미국의 가장 유명한 연예인 중의 하나였던 지미 듀란테는 평생 잊지 못할 추억을 가지고 있다.

어느 날 그는 제2차 세계 대전의 참전 용사들을 위한 쇼에 출연해 달라는 요청을 받았다. 지미 듀란테는 쇼 기획자에게 자신의 스케줄이 너무 바쁘기 때문에 단 몇 분 밖에 출연할 수 없다고 설명했다. 그는 간단한 원맨쇼를 한 뒤에 곧바로 내려와도 된다면 기꺼이 출연하겠다고 말했다. 물론 쇼 기획자는 그렇게라도 지미 듀란테를 무대에 세운다면 대성공이라 생각했다.

그런데 막상 그날이 되어 지미 듀란테가 무대 위로 올라가자 이상한 일이 일어났다. 그는 짤막한 원맨쇼를 끝내고도 무대에서 내려올 생각을 하지 않았다. 박수소리가 점점 더 커지고 지미 듀란테는 계속해서 쇼를 진행해 나갔다.

이 광경을 무대 뒤에서 바라보던 쇼 기획자는 매우 흡족한 미소를 지었지만 한 편으로 지미 듀란테의 마음이 변한 이유가 무엇인지 무척 궁금했다. 그렇게 15분, 20분, 30분이 흘러갔다. 마침내 지미 듀란테가 마지막 인사를 하고 무대에서 내려왔다. 무대 뒤에서 쇼 기획자가 그를 붙잡고 물었다.

"난 당신이 몇 분간만 무대에 설 줄 알았는데 어찌된 일입니까?"

"나도 그럴 계획이었지만, 내가 계속 쇼를 진행한 데는 이유가 있었소. 저기 무대 맨 앞줄에 앉은 사람들을 보시오."

쇼 기획자는 무대 틈새로 그가 가리키는 곳을 바라보았다. 무대 맨 앞에 두 명의 참전 용사가 앉아 있었는데, 둘 다 전쟁에서 팔 한 쪽씩을 잃은 사람들이었다. 한 사람은 오른쪽 팔을 잃었고, 또 한 사람은 왼쪽 팔을 잃었다. 나란히 앉은 두 사람은 남은 한쪽 팔을 서로 부딪쳐 가며 열심히 박수를 치고 있었다. 그것도 아주 즐겁고 행복한 표정으로.

22
어머니의 계산서

아이가 공책에 뭔가 열심히 쓰고 있었습니다. 그 모습을 지켜보던 어머니가 아이에게 물었습니다.

"얘야, 뭘 그렇게 열심히 쓰고 있니?"

"엄마에게 청구할 돈을 계산하고 있었어요."

"궁금하구나. 어디 한번 보자."

"예, 지금 막 계산이 끝났어요. 보시겠어요?"

엄마는 아이가 꼼꼼하게 적어놓은 계산서를 들여다보았습니다.

우유 받아오기 세 번 300원, 부엌청소 두 번 400원, 마당청소 세 번 600원. 구두 닦기 네 번 800원, 식탁 차리기 네 번 400원, 합계 총 2,500원.

엄마는 웃지 않을 수 없었습니다.

"엄마도 청구서를 써 볼 테니 네가 한번 봐주겠니?"

"엄마도요?"

"응."

"엄마도 저한테 용돈을 타시려고요? 엄만 한 게 없잖아요?"

그러면서 엄마는 청구서를 써 내려갔습니다.

팔 년 간의 식사제공 0원, 수 없이 많은 설거지와 빨래 0원, 아플 때 병간호 0원, 숙제 도와준 것 0원, 온갖 시중들기 0원, 합계 0원.

"그런데 왜 엄마는 0원이라고 적으셨죠?"

"왜냐하면 엄마는 너에게 아무것도 바라지 않고 무엇이든 주고 싶어서 그렇지. 그러나 네가 청구한 2,500원은 주마."

이야기가 끝난 후 엄마는 아이에게 돈을 주기 위해 지갑을 찾으려 했습니다. 그러자 아이는 엄마를 껴안으며 이렇게 말하는 것이었습니다.

"아니에요. 엄마, 저도 엄마에게 한 푼도 안 받겠어요."

23

사랑이란 조미료

"벤, 철제통 속을 절대 들여다봐서는 안돼요. 만일 당신이 약속을 어긴다면 다시는 맛있는 요리를 먹을 수 없게 될 거에요."

아내는 늘 선반에 놓인 조그만 철제통에 대해 주의를 주곤 했다. 그 철제통에는 장모님에게서 물려받은 비밀재료가 들어있다는 것이다. 아내는 그 비밀 재료를 매우 아껴서 썼다. 아마도 너무 많이 사용하면 곧 없어져 버릴 것을 염려한 때문인 것 같았다. 하지만 그것은 아주 조금씩만 사용해도 최고의 효과를 냈다. 아내의 요리는 언제나 훌륭했기 때문이다.

언젠가 벤도 아내가 그것을 뿌리는 것을 본적이 있는데 가루가 너무 고와서인지 아니면 너무 조금 사용해서 그런지 눈에 잘 보이지 않았다. 그런데 아내가 집을 비운 어느 날. 삼십년 넘게 참아온 궁금증이 걷잡을 수 없이 부풀어 올랐다. 벤은 몇 번이나 아내와의 다짐을 떠올려 보았지만, 머릿속에는 온통 그 철제통을 열어보고 싶다는 생각뿐이었다.

'도대체 그 통속에 뭐가 들어있기에'

그는 조심스럽게 철제통을 집어 식탁 위에 내려놓았다. 벤은 침을 꿀꺽 삼켰다. 그리고는 심호흡을 한 뒤 조심스럽게 뚜껑을 열었다. 순간 벤은 깜짝 놀랐다. 통속에는 조그맣게 접힌 종이 한 장 외에는 아무것도 없었기 때문이었다. 벤은 커다란 손가락을 간신히 밀어 넣어 그 종이를 꺼냈다. 그 종이에는 장모님의 서투른 글씨가 적혀있었다.

'말타야, 무슨 요리를 하든 사랑을 뿌려 넣는 것을 잊지 말아라.'

종이를 다시 통속으로 밀어 넣으면서 벤은 아내의 요리가 그렇게 맛있었던 비결이 무엇인지 알 것 같았다.

24
가장 아름다운 그림

멋진 작품을 그리고 싶어 하는 화가가 있었다. 어느 날 그는 막 결혼을 앞둔 예비 신부에게 세상에서 가장 아름다운 것이 무엇이냐고 물었다. 그러자 신부는 수줍어하며 대답했다.

"사랑이지요, 사랑은 가난을 부유하게, 적은 것을 많게, 눈물도 달콤하게 만들지요. 사랑 없이는 아름다움도 없어요."

화가는 고개를 끄덕였다.

이번엔 목사에게 똑같은 질문을 던졌는데, 목사는 "믿음이지요. 하나님을 믿는 간절한 마음이야말로 세상에서 가장 아름답습니다."하고 말했다.

그는 목사의 말에도 수긍했다. 그러나 그보다 더 아름다운 무엇이 있을 것만 같았다. 때마침 지나가는 한 지친 병사에게 물었더니 병사는 "무엇보다 평화가 가장 아름답고, 전쟁이 가장 추하지요" 라고 답했다.

순간 화가는 사랑과 믿음과 평화를 한데 모으면 멋진 작품이 될 것 같았다. 그 방법을 생각하며 집으로 돌아온 그는 아이들의 눈 속에서 믿음을 발견했다. 또 아내의 눈에서는 사랑을 보았으며, 사랑과 믿음으로 세워진 가정에 평화가 있음을 깨달았다.

얼마 뒤 화가는 세상에서 가장 멋진 작품을 완성했다. 그것은 다름 아닌 '가정의 모습'이었다.

25

눈 먼 소녀

어느 눈 먼 소녀가 연을 날리고 있었습니다. 지나가던 사람이 소녀에게 물었습니다.

"너는 왜 연을 날리고 있니? 아무 것도 볼 수 없으면서…"

그 말에 소녀는 방긋 웃으며 대답했습니다.

"저는 볼 수 없지만 다른 사람들이 제 연을 보고 기뻐할 거예요. 그리고 저도 연이 저를 하늘 위로 끌어당기고 있는 듯한 느낌을 알 수 있어요."

세상에는 눈을 뜨고도 마음이 닫힌 사람들이 많이 있습니다. 장롱 위에 얹어 놓아 뽀얗게 먼지 쌓인 연이 우리에게 있을 겁니다. 비록 평범한 것일지라도 남을 위해 내어줄 때 하늘로부터 당겨지는 느낌과 같은 행복감에 젖는 게 아닐까요.

26

아름다운 우체부 이야기

미국 샌프란시스코의 로스알데힐이라는 작은 마을에 요한이라는 집배원이 있었다. 그는 젊었을 때부터 마을 부근의 약 50마일의 거리를 매일 오가며 우편물을 배달해왔다.

어느 날 요한은 마을로 이어진 거리에서 모래먼지가 뿌옇게 이는 것을 바라보고 문득 이런 생각이 들었다.

'비가 오나, 눈이 오나 하루도 빠짐없이 이 길을 오갔는데, 앞으로도 나는 계속 이 아름답지 않은 황폐한 거리를 오가며 남은 인생을 보내겠구나.'

요한은 정해진 길을 왔다 갔다 하다가 그대로 인생이 끝나버릴지도 모른다는 절망감을 느낀 것이다. 꽃 한 송이 피어 있지 않은 황폐한 거리를 걸으며 요한은 깊은 시름에 잠겼다. 그러다 그는 무릎을 탁 치며 혼잣말로 중얼거렸다.

"어차피 나에게 주어진 일이라면 그것이 매일 반복된다고 해서 무엇이 걱정이란 말인가? 그래, 아름다운 마음으로 내 일을 하자. 아름답지 않은 것은 아름답게 만들면 되지 않은가!"

그는 다음 날부터 주머니에 들꽃 씨앗을 넣어 가지고 다녔다. 그리고 우편배달을 하는 짬짬이 그 꽃씨들을 거리에 뿌렸다. 그 일은 그가 50여 마일의 거리를 오가는 동안 하루도 쉬지 않고 계속되었다.

이렇게 여러 해가 지나고 요한은 콧노래를 흥얼거리며 우편물을 배달하게 되었다. 그가 걸어 다니는 길 양쪽에는 노랑, 빨강, 초록의 꽃들이 앞 다투어 피어났고 그 꽃들은 쉽게 시들지 않았다. 해마다 이른 봄에는 봄꽃들이 활짝 피어났고, 여름에는 여름에 피는 꽃들이, 가을이면 가을꽃들이 쉬지 않고 피어났던 것이다.

그 꽃들을 바라보며 요한은 더 이상 자기의 인생이 황막하다고 여기지 않게 되었다. 50여 마일의 거리에 이어진 울긋불긋한 꽃길에서

휘파람을 불며 우편배달을 하는 그의 뒷모습은 한 폭의 수채화와 같이 아름다웠다.

27
가족의 어원

가족(Family)이란 단어의 어원을 아십니까?

'아버지, 어머니, 나는 당신을 사랑합니다(Father and Mother, I love you)'의 각 단어의 첫 글자를 합성한 것입니다.

아무리 사람 사는 방식이 달라진다 해도 하루 일과를 마치고 집으로 돌아와 가족들과 함께 하는 시간이 삶의 온기를 불어넣어 준다는 사실은 변할 수가 없을 것입니다.

28
행복의 비밀

어느 마을에 나이 많은 현인이 살고 있었습니다. 어느 날 이 노인이 행복의 비밀을 들을 만한 가치가 있는 사람 딱 한 명에게만 그 비밀을 가르쳐주겠다고 약속했습니다.

마을 사람들은 행복의 비밀을 알아내기 위해 마을에서 가장 예쁜 아가씨를 노인에게 보냈습니다. 그러나 노인은 아가씨를 그냥 돌려보냈습니다. 다음에는 돈 많은 사람을 보냈습니다. 하지만 이번에도 노인은 그냥 돌려보냈습니다. 마을 사람들은 계속해서 힘센 장사, 지식이 많은 사람, 높은 자리에 앉은 사람을 보냈지만, 그 노인은 행복의 비밀을 가르쳐주지 않았습니다. 오히려 마을 사람들이 보낸 사람들을 만날 때마다 노인은 슬퍼할 뿐이었습니다.

그러던 어느 날. 노인은 몸에 상처를 입은 작은 새를 안고 울고 있는 소년을 만나게 되었습니다. 노인은 매우 기뻐하며 말했습니다.

"지금 네가 흘리고 있는 눈물이 가장 소중한 것이란다. 남을 사랑하지 않고서는 결코 행복할 수 없거든."

29
대통령의 고향 친구들

캘빈 쿨릿지 대통령이 어느 날 자기 고향 마을의 친구들을 백악관으로 초대했다. 백악관 식탁에서의 매너를 몰라 고민에 빠진 초대 손님들은 쿨릿지가 하는 대로 따라 하자고 결론을 내렸다. 이 전략은 그럭저럭 성공을 거두었다.

그런데 식사가 끝나 갈 무렵 커피가 나오자 대통령은 자신의 커피를 커피잔 받침 접시에 붓는 것이었다. 손님들도 눈치를 보며 따라서 했다. 쿨릿지는 거기에 설탕과 크림을 탔다. 손님들도 그대로 했다.

그 다음에 쿨릿지는 몸을 굽혀 그 접시를 식탁 밑에 있는 고양이에게 주었다.

30
10센트와 땅콩

"여기는 가난한 시골 학교라 피아노 살 돈이 없습니다. 천 달러만 기부해 주시면 피아노를 치며 아이들과 함께 노래를 부를 수 있을 것입니다."

미국의 한 시골 학교 선생님이 '자동차의 왕'이자 대부호인 헨리 포드에게 간곡히 도움을 청하는 편지를 썼다.

얼마 뒤 포드에게서 답장이 왔다. 선생님은 기쁜 마음으로 봉투를 열어 보았다. 그런데 달랑 10센트뿐이었다. 헨리 포드 같은 엄청난 부자가 겨우 10센트를 보냈다고 화가 날 법도 한데 선생님은 아무 말 없이 가게로 가서 땅콩을 10센트어치 사 왔다.

선생님은 땅콩을 학교 텃밭에 심어 정성을 다해 키웠고 몇 달 뒤 수확했다. 수확한 땅콩을 내다 팔았지만 수익은 얼마 되지 않았다. 선생님은 포드에게 돈을 보내 줘서 고맙다는 편지와 함께 땅콩을 판 이익금의 일부를 보냈다.

그렇게 선생님은 해마다 작은 수확이라도 감사하면서 이익금의 일부는 포드에게 보내고 나머지는 고스란히 땅콩을 사서 심었다. 5년 뒤 선생님은 포드에게 드디어 피아노를 살 수 있게 되었다는 마지막 편지를 보냈다.

그런데 얼마 지나지 않아 포드에게서 만 달러가 든 편지가 도착했다.

"선생님이야말로 내가 미국에서 만난 최고의 사람입니다. 선생님에게 돈이 아니라 내 마음을 보냅니다. 나는 참으로 감동받았습니다."

헨리 포드에게는 도움을 청하는 사람이 수없이 많았다. 도움이 필요할 때는 간절히 사정하면서도 막상 돈을 기부 받으면 감사하다는 말 한 마디 없는 사람들에게 실망했던 포드에게 선생님은 큰 감동을 준 것이다.

PART 4

희 생

31

희 생

깊은 산속, 땅을 개척하며 사는 젊은 부부와 그의 아이들이 살고 있었다. 어느 날 남편이 시내에 볼일이 있어 사흘 동안 집을 비우게 되어 그 아내는 아이들과 지낼 수밖에 없었다. 아내는 장작더미를 가져다가 불을 지펴 밥을 할 생각으로 뒤뜰에 갔다가 그만 장작더미 속에 숨어 있던 뱀에게 물리고 말았다. 그 순간 아내에게는 많은 생각들이 지나갔다.

"뱀에게 물렸으니 독이 온몸에 퍼질 테고 남편은 사흘 뒤에나 돌아올 텐데. 꼼짝없이 죽게 생겼구나. 내가 죽으면 아이들은 사흘 동안 어떻게 지낼까?"

그녀는 순간적으로 이렇게 생각이 미치자 아이들이 사흘 동안 지낼 수 있도록 빨리 일을 해야겠다고 생각했다. 그래서 장작더미를 가져다가 아궁이에 불을 지피고 큰딸에게 불을 지피는 방법을 가르쳐주어 사흘 동안 계속 불을 지필 수 있도록 하고, 먹을 것을 준비해서 아이들의 손이 닿는 곳에 놓아두었다. 그리고는 아이들을 불러 모아 이야기를 했다.

"애들아! 엄마가 깨어나지 않아도 놀라지 말고 무서워하지도 말아라. 잘 지내고 있으면 곧 아빠가 돌아오신단다."

그녀는 아이들을 위해 마지막 순간까지 몸을 아끼지 않고 애를 썼기 때문에 그녀의 몸에는 땀이 물 흐르듯 흘러내리고 있었다. 그렇게 흘러내린 땀이 그녀 몸속의 독기를 제거해 주고 있었다. 하룻밤이 지 났는데도 죽지 않고 살아있다는 사실에 그녀 스스로도 놀라지 않을 수 없었다. 자식을 사랑하는 마음 때문에 죽음조차도 이겨낼 수 있었 는가 보다.

32
유리병 속의 병균

오래 전에 이름도 알려져 있지 않은 미국 선교사 한분이 중국에 와서 전도를 하는데, 때마침 이름 모를 전염병이 유행하여 수많은 중 국인들이 희생당하게 되었습니다. 선교사는 급히 그 전염병의 병균을 유리병 속에 담아 면역체를 만들기 위해 의학이 발달한 미국으로 떠 났습니다.

샌프란시스코에 도착해서 검역소 직원들이 철저하게 승객들을 조 사하기 시작했습니다. 발각되면 면역체고 뭐고 헛일이라고 생각한 선 교사는 고민 끝에 병균을 자신의 입에 털어 넣고 유리병은 바닥에 버 렸습니다. 조금 뒤 그의 온몸에 병균이 퍼지면서 열이 나기 시작했습 니다. 그는 급히 병원으로 달려가서 의사들에게 이렇게 외쳤습니다.

"내 몸은 지금 중국에서 번지고 있는 전염병에 감염되었습니다. 이 병균을 뽑아 면역체를 만들어 주세요. 그것을 중국에 보내 많은 사람 들을 살려주시기 바랍니다."

그 후 선교사는 숨을 거두었고, 그 희생의 대가로 전염병의 면역체
가 만들어져 중국에 사는 수많은 사람들의 목숨을 구했다고 합니다.

33
장님의 등불

어느 나그네가 캄캄한 밤길을 걸어가고 있었습니다. 낯선 길인데
다 험하기 조차하여 걸어가기가 매우 힘이 들었습니다. 나그네가 겁
먹은 채 더듬거리고 있는데 뜻밖에 앞쪽에서 등불이 반짝이는 게 보
였습니다. 등불에 가까이 다가간 나그네는 깜짝 놀랐습니다. 등불을
든 사람이 장님이었기 때문입니다.

"앞을 보지 못하는 분이 왜 등불을 들고 나오셨습니까?"
"나는 등불이 필요 없지만 다른 사람에게 도움이 될 것이기에 들고
나왔지요."

장님은 이렇게 말하면서 나그네에게 갈 길을 자세히 가르쳐 주는
것이었습니다. 자신보다 남을 생각하는 장님의 마음은 등불보다 더
밝은 빛이었습니다.

34
어머니의 한쪽 눈

어머니와 단둘이 사는 청년이 있었다. 그런데 어느 날 청년은 외출에서 돌아오다가 뜻하지 않게 교통사고를 당했다. 소식을 듣고 몹시 놀란 어머니가 가슴 졸이며 병원에 달려갔지만, 불행히도 청년은 이미 두 눈을 실명하고 말았다. 멀쩡하던 두 눈을 순식간에 잃어버린 청년은 깊은 절망에 빠져 자신에게 닥친 상황을 받아들이려 하지 않았다. 그는 어느 누구와도 말 한 마디하지 않고 마음의 문을 철저하게 닫은 채 우울하게 지냈다.

바로 곁에서 그 모습을 말없이 지켜보는 어머니의 가슴은 말할 수 없이 아팠다. 그렇게 지내던 어느 날. 청년에게 기쁜 소식이 전해졌다. 이름을 밝히지 않은 누군가가 그에게 한쪽 눈을 기증하겠다는 것이다. 하지만 깊은 절망감에 빠져 있던 그는 그 사실조차 기쁘게 받아들이지 못했다. 결국 어머니의 간곡한 부탁으로 한쪽 눈 이식 수술을 마친 청년은 한동안 붕대로 눈을 가리고 있어야 했다. 그때도 청년은 자신을 간호하는 어머니에게 앞으로 어떻게 애꾸눈으로 살아가냐며 투정을 부렸다. 하지만 어머니는 청년의 말을 묵묵히 듣고만 있었다.

시간이 지나 드디어 청년은 붕대를 풀게 되었다. 그런데 붕대를 모두 풀고 앞을 본 순간 청년의 눈에는 굵은 눈물방울이 떨어지고 말았다. 그의 앞에는 한쪽 눈만을 가진 어머니가 애틋한 표정으로 아들을 바라보고 있었던 것이다.

"두 눈을 다 주고 싶었지만, 그러면 너에게 나의 장님 몸뚱이가 짐이 될 것 같아서…"

어머니는 끝내 말을 다 잇지 못했다.

35
아버지의 유언

'신바람 건강법' 강연으로 유명한 황수관 박사는 몇 해 전 아버지가 위독하다는 연락을 받게 되었다. 그 동안 그가 몇 차례나 수술을 권했던 목 뒤에 있는 커다란 혹이 원인이 되어 아버지의 상태는 매우 위험했다.

"평생 몸에 칼 안 대고도 잘 살아왔는데 얼마나 오래 살 거라고 수술을 해."

이렇게 끝까지 수술을 안 하겠다고 버티는 아버지를 겨우 설득해 병원에 입원시켰다. 그런데 막상 수술 날짜를 정하고 나니 불안한 마음을 가눌 수가 없었다. 워낙 위험한 수술이라 실패할 확률이 더 높았기 때문이다.

'아버지는 평소에도 꼼꼼한 분이시니 만약의 경우를 대비해 수술 전에 유언을 남기시겠지. 그럴 경우 나는 어떻게 받아 들여야 하나.'

황수관 박사는 착잡한 마음으로 이제나저제나 아버지의 유언을 기다렸다. 그런데 정작 당사자인 아버지는 수술이 얼마나 위험한 것인지를 누구보다 잘 알고 있으면서도 무척 침착한 모습이었다.

'내가 집안의 장손이니 아버지는 내게 선산이 어디에 있으며 집과 땅은 어떻게 해야 할지 알려주셔야 하는데. 혹 나를 못 미더워 하시는 건 아닐까?'

수술 날 아침까지도 아버지가 아무런 말씀을 하지 않자 그는 섭섭한 생각마저 들었다. 그렇다고 그가 먼저 유언 얘기를 꺼낼 수는 없었다. 그런데 수술실로 들어가기 직전 아버지가 곁에 서 있는 그를 나지막이 불렀다. 창백한 아버지의 모습에 그는 눈물이 쏟아질 것만 같았다. 애써 참으며 아버지의 손을 잡았는데, 아버지가 그의 손에 뭔가를 꼭 쥐어 주더니 빙그레 웃으며 말씀하셨다.

"내 평생 네게 남겨 줄 수 있는 것은 이것뿐이구나."

아버지가 수술실로 들어가신 후 천천히 펼쳐 본 종이에는 '봉사'라는 두 글자가 정성스럽게 적혀 있었다.

36
어느 장교의 수통

전쟁이 한창이던 때 어느 부대에서 있었던 일입니다. 한 장교가 전투 중에 부상당한 환자들을 돌보다 심한 상처를 입은 병사가 애타게 물을 찾는 것을 보았습니다. 전쟁 중이라 물이 귀했지만 장교는 자신의 수통에 얼마 남지 않은 물을 내주었습니다.

목이 무척 말랐던 병사는 무심코 마시려다가 동료 병사들의 눈길이 자신에게 모아지는 것을 느꼈습니다. 물이 귀한 상황이라 모든 병사들이 갈증을 느끼고 있었던 것입니다. 그는 수통을 입에 대고 꿀꺽꿀꺽 소리를 내면서 물을 마신 후 다른 병사에게 수통을 넘겼습니다.

수통을 넘겨받은 병사가 마시려고 보니 물은 조금도 줄어들지 않아 있었습니다. 그 병사는 깊은 눈빛으로 동료를 쳐다보며 고개를 끄떡였습니다. 그리고 자신도 꿀꺽 소리를 내며 맛있게 물을 마신 후 수통을 또 다른 병사에게 건네주었습니다. 그렇게 돌아가며 모든 병사들이 물을 마셨습니다.

마침내 수통이 장교에게 돌아왔을 때 놀랍게도 수통의 물은 처음 그대로 있었습니다. 모든 병사들은 얼굴에 미소를 띠었고, 더 이상 갈증을 느끼는 사람은 아무도 없었습니다.

37
일곱 번째 난쟁이

저는 산 너머 사는 일곱 번째 난쟁이입니다. 아름다운 백설공주가 저희 집을 찾았을 때 앉았던 의자도 일곱 번째 난쟁이인 저의 것이었구요. 그녀가 배고픔을 달래기 위해 먹었던 스프도, 그녀가 피곤한 몸을 누이고 잠들었던 침대도, 일곱 번째 난쟁이인 저의 것이었습니다.

그녀가 나쁜 마녀의 독이 든 빗으로 머리를 빗고 쓰러져 있을 때 제일 먼저 달려가서 빗을 빼내 던져버린 것도 저였습니다. 그녀가 나쁜 마녀의 독이 든 사과를 먹고 숨을 멈추었을 때 하루 종일 그녀의 곁을 지키면서 목 놓아 울던 것도 저였습니다.

왕자님이 오셔서 그녀를 데려가겠다고 했을 때 그녀는 우리들의 공주님이라고, 울면서 안 된다고 말리던 것도 일곱 번째 난쟁이인 저였습니다. 기어이 친구들이 왕자에게 그녀를 내주었을 때 짧은 다리로 숨이 헉헉 차오르도록 따라갔던 것도 저였습니다.

더 이상 왕자를 따라잡을 수 없게 되자 그녀를 마지막으로 보기 위해 나무 위로 올라갔다가 휘청 떨어진 것도, 그 바람에 덜컹 유리관이 움직이고 그녀의 목에 걸린 독 사과가 튀어나오면서 오랜 잠에서 깨어난 그녀가 "나를 구한 분은 누구신가요?" 물었을 때 차마 초라한 작은 몸으로 나서지 못하고 움츠려들었던 것도, 늠름한 왕자님의 "바로 저입니다, 아름다운 공주님." 씩씩한 목소리를 유리관 밑에서 쪼그리고 앉아 울면서 들어야 했던 것도 저였습니다.

지금도 사람들은 가끔씩 산 너머 너머에 사는 일곱 난쟁이의 노래를 부릅니다. 하지만 누구보다도 공주를 사랑했던 일곱 번째 난쟁이를 기억하는 사람은 아무도 없습니다.

38

하벤스의 선택

1924년 빌 하벤스는 미국에서 제일가는 카누 선수 중 한 사람이었습니다. 그래서 대부분의 사람들은 하벤스가 파리에서 열리는 올림픽 경기에 나가면 세 개의 금메달은 쉽게 딸 것으로 생각했습니다. 그러나 올림픽이 열리기 바로 몇 달 전에 하벤스는 자기가 올림픽 경기에 출전할 동안 아내가 첫아이를 출산하게 될 것이라는 사실을 알게 되었습니다.

하벤스는 이 일로 고민했지만 사랑을 위해서 중대한 결심을 했습니다. 자기에게는 올림픽 경기도 중요하지만 첫 아이를 낳는 아내가 더 소중했기에 그는 올림픽 출전의 기회를 다른 사람에게 넘겨주었습니다. 그리고 정확하게 28년이 지난 1952년 어느 날, 빌 하벤스는 아들 프랭크로부터 전보를 받았습니다. 전보의 내용은 아들이 핀란드의 헬싱키에서 열린 올림픽 카누 1만 미터 결승전에서 금메달을 획득했다는 소식이었습니다.

"존경하는 아버지. 오늘의 제가 있도록 기다려 주신 것에 대해 진심으로 감사드립니다. 아버지께서 따셔야 했던 이 금메달을 제가 목에 걸고 돌아가겠습니다. 아버지를 사랑하는 아들 프랭크 올림."

빌 하벤스는 28년 전 아내와 자식을 위해서 올림픽 금메달을 희생했던 자신의 선택이 옳았음을 다시 한 번 깨닫게 되었습니다.

39

날 기억하려거든

어느 순간 의사는 나의 뇌가 더 이상 제 기능을 하지 못하고 모든 의미에서 나의 생명이 정지되었다고 결정할 것입니다. 그렇게 되었을 때, 내 몸 안에 기계를 이용해서 인공의 생명을 불어넣으려고 하지 말아 주십시오. 그리고 그것을 나의 임종이라고 부르지 마십시오. 그 대신 그것을 '새로운 탄생'이라고 불러주시고, 다른 사람들이 더욱 충실한 삶을 사는데 도움이 되도록 나의 몸을 나눠주십시오.

나의 눈을, 떠오르는 아침 해와 아기의 얼굴과 그리고 여인의 눈 속의 사랑을 한 번도 보지 못한 사람에게 주십시오.

나의 심장을, 자신의 심장으로는 날마다 끊임없는 고통만 당해온 사람에게 주십시오.

나의 피를, 교통사고로 일그러진 차 속에서 구출된 십대에게 주시어, 그로 하여금 그의 손자들의 노는 모습을 지켜볼 수 있을 때까지 살게 하여 주십시오.

나의 신장을, 기계에 의존하여 나날을 연명해가는 사람에게 주십시오.

내 몸 속의 뼈와 모든 근육과 모든 세포와 신경을, 절름발이 아이에게 주어, 그 아이가 걸을 수 있게 길을 찾아 주십시오.

내 뇌의 구석구석을 살펴봐 주십시오. 필요하다면 내 세포를 떼어내어 배양하시고 그것으로 언젠가 말 못하는 소년이 야구방망이로

공을 치는 소리에 환호성을 지르고, 듣지 못하는 소녀가 유리창에 내리는 빗소리를 듣게 하여 주십시오. 그리고 남은 것은 태워서 바람에 재를 뿌려 주시고 꽃들이 자라는 걸 돕게 하여 주십시오.

뭔가 묻어야 하겠다면, 내 잘못과 결점과 인간에 대한 나의 모든 편견을 묻어 주십시오. 죄악은 악마에게 주십시오. 내 영혼은 하나님께 드리십시오. 그리고 혹시 날 기억하려거든 당신을 필요로 하는 누군가에게 위로가 되는 친절과 행동과 말로 기억해 주십시오. 내가 부탁한 모든 걸 해주시면 나는 영원히 살게 될 것입니다.

- 장기 기증 운동가, R.N.테스트의 글 -

40
소년과 과일

잭 캘리라는 한 신문기자가 소말리아의 비극을 취재하다가 겪은 체험담이라고 합니다.

기자 일행이 수도 모가디슈에 있을 때의 일입니다. 그때는 기근이 극심한 때였습니다. 기자가 한 마을에 들어갔을 때, 마을 사람들은 모두 죽어 있었습니다.

그 기자는 한 작은 소년을 발견했습니다. 소년은 온몸이 벌레에 물려 있었고, 영양실조에 걸려 배가 볼록했습니다. 머리카락은 빨갛게 변해 있었으며, 피부는 백 살이나 된 사람처럼 보였습니다. 마침 일행 중의 한 사진기자가 과일 하나 갖고 있어서 소년에게 주었습니다. 그러나 소년은 너무 허약해서 그것을 들고 있을 힘이 없었습니다. 기자는 그것을 반으로 잘라서 소년에게 주었습니다.

소년은 그것을 받아들고는 고맙다는 눈짓을 하더니 마을을 향해 걸어갔습니다. 기자 일행이 소년의 뒤를 따라갔지만, 소년은 그것을 의식하지 못했습니다. 소년이 마을에 들어섰을 때, 이미 죽은 것처럼 보이는 한 작은 아이가 땅바닥에 누워 있었습니다.

아이의 눈은 완전히 감겨 있었습니다. 이 작은 아이는 소년의 동생이었습니다. 형은 자신의 동생 곁에 무릎을 꿇더니 손에 쥐고 있던 과일을 한 입 베어서는 그것을 씹었습니다. 그리고는 동생의 입을 벌리고는 그것을 입 안에 넣어주었습니다. 그리고는 자기 동생의 턱을 잡고 입을 벌렸다 오므렸다 하면서 동생이 씹도록 도와주었습니다.

기자 일행은 그 소년이 자기 동생을 위해 보름 동안이나 그렇게 해온 것을 나중에야 알게 되었습니다. 며칠 뒤 결국 소년은 영양실조로 죽었습니다. 그러나 소년의 동생은 끝내 살아남았습니다.

PART

5

비 교

41
사연과 눈빛

　대만에 사는 한 청년이 우연히 만난 아름다운 아가씨와 사랑에 빠졌다. 청년은 그날부터 아가씨에게 편지를 보내기 시작했다. 자신이 얼마나 그녀를 사랑하고 아끼는지에 대한 말을 종이에 가득 써서 보냈다. 한 통, 두 통, 편지는 매일 아가씨에게 배달되었다. 그러나 청년은 아가씨 앞에 쉽사리 나서지 못했다. 편지에는 그토록 절절한 사랑을 담아 보내면서도, 그는 수줍음을 많이 타기 때문에 혹 아가씨로부터 거절을 당하지나 않을까 전전긍긍하였다. 아가씨는 거의 매일 청년이 보낸 편지를 받았다.

　"편지 왔습니다."

　우체부의 목소리가 들리면 아가씨는 반가움에 어쩔 줄 모르며 뛰어 나갔다. 우체부는 정중히 편지를 내밀며 꾸벅 인사를 했다. 우체부의 눈빛은 언제나 진지하고 성실했다. 아가씨는 얼굴을 붉히면서 편지를 받았다. 그렇게 우체부는 날마다 아가씨에게 편지를 배달했다.

　하루 이틀이 지나고 어느덧 2년이란 시간이 흘렀다. 그동안 청년이 보낸 편지도 600통 가까이 되었다. 드디어 600통이나 사랑의 편지를 받은 아가씨의 결혼식이 열렸다. 순백의 드레스를 입은 아가씨의 모습은 눈부시도록 아름다웠다. 그런데 그 순백의 신부를 맞아들인 사람은 바로 날마다 편지를 배달했던 바로 그 우체부였다. 결혼식이 끝나고 누군가 아가씨에게 물었다.

"당신에게 날마다 편지를 보냈던 청년이 아니군요."

신부가 수줍게 웃으며 말했다.

"저는 백 마디 애절한 사연보다 한 번의 따스한 눈빛이 가슴에 와 닿았습니다."

42
두 선생님

1학년 때 로어 선생님은 내가 그린 자주색 인디언 천막이 사실적이지 않다고 지적했다. 자주색은 천막에 쓰이지 않는 색깔이라는 것이었다. 자주색은 죽은 사람들에게나 쓰는 색이며, 따라서 내 그림은 다른 아이들 것과 함께 교실 벽에 걸어 줄 수가 없다는 것이었다. 헐렁한 바지를 추스르지도 않은 채 난 내 자리로 돌아갔다. 검은색 크레용과 함께 어둔 밤이 내 텐트 위로 내려왔다. 아직 오후도 되지 않았는데.

2학년 때 바르타 선생님은 말씀하셨다. "아무거나 그리고 싶은 대로 그려라." 무엇을 그리든 자유라는 것이었다. 난 아무 것도 그리지 못한 채 백지만 책상 위에 달랑 엎어 놓고 있었다. 선생님이 교실을 한 바퀴 돌아 내 자리까지 왔을 때 나는 심장이 콩콩 뛰었다. 바르타

선생님은 그 큰 손으로 내 머리를 쓰다듬더니 부드러운 목소리로 말씀하시는 것이었다. "들판에 온통 하얀 눈이 내렸구나. 정말 멋진 그림이야!"

43
백정 이야기

박상길이라는 나이 지긋한 백정이 장터에 푸줏간을 내었습니다. 양반 두 사람이 고기를 사러 왔습니다. 그중 한 양반이 그 백정에게 반말로 주문을 하였습니다.

"애, 상길아. 고기 한 근 다오."

"그러지요."

박상길은 솜씨 좋게 칼로 고기를 베어서 주었습니다. 함께 온 양반은 상대가 비록 천한 신분이긴 하지만 나이든 사람에게 말을 함부로 하기가 거북했습니다.

"박 서방, 여기 고기 한 근 주시게."

"예, 고맙습니다."

기분 좋게 대답한 박상길은 선뜻 고기를 잘라 주는데, 처음에 산 양반이 보니 자기가 받은 것보다 갑절은 되어 보였습니다. 그 양반은 화가 나서 소리쳤습니다.

"이 놈아, 같은 한 근인데 어째서 이 사람 것은 크고 내 것은 작으

냐?"

그러자 박상길이 대답했습니다.

"손님 고기는 상길이가 자른 것이고, 이 어른 고기는 박 서방이 잘
랐으니까요."

44

저절로 울리는 피아노

어떤 피아노를 만드는 청년이 있었답니다.

그 청년은 삼년동안 자신의 온 정열과 혼을 바쳐 '저절로 울리는 피
아노'를 만들었습니다.

"됐어, 이제 가장 순수한 마음을 가진 두사람이 함께 결혼식을 올리
면 이 피아노가 저절로 울릴거야"

청년은 동네에서 가장 예쁘고 마음씨 착하다고 인정받는 아가씨에게
청혼하였고, 둘은 정말 행복했습니다.

청년은 피아노를 교회에 가져다 놓았고, 이제 많은 사람들이 자신의
결혼을 축하할 때 피아노에서 저절로 울려퍼지는 음악에 놀랄 모습
에 절로 웃음이 나왔습니다.

드디어 결혼식날, 많은 하객속에서 신부를 기다리던 청년은 신부의
행진이 끝나도록 울리지 않는 피아노를 보고 크게 좌절했습니다.

'이럴수가, 그렇게 착하고 예쁘게만 보이는 마음이 사실 그렇지 않다

니'

청년은 그길로 교회를 뛰쳐나와 사라졌습니다.

40여년의 세월이 흘렀습니다.

이 거리 저 거리를 떠돌며 살던 청년이 우연히 다시 고향으로 돌아왔을 때, 마을을 가득 메운 많은 사람들의 행렬에 놀랐습니다.

"아니, 누가 돌아가셨는데 이렇게 많은 분들이 따르지요?"

"예, 이 마을에서 가장 착한 마님이지요, 마을의 과부와 고아를 위해 온 생애를 다 바치셨던 고귀한 분이랍니다.

결혼식 때 자신을 버리고 간 나쁜 놈을 기다리며, 평생을 처녀로 지내다 결국 병을 얻어 돌아가셨답니다.

생각할수록 이런 분을 이유도 없이 버리고 간 놈을 생각하면…"

"……"

청년은(이제는 더이상 청년이 아닌) 행렬을 따라 교회까지 들어갔습니다.

그리고 교회 앞쪽에 자리 잡은 그녀의 관을 향해 수많은 사람들의 눈총도 뿌리친 채 뛰어 들어갔습니다.

관위에 엎드려 알 수 없는 절규를 터뜨리는 그를 사람들은 이상하게 쳐다봤습니다.

눈물을 흘리다 흘리다 오랜 방황에 지쳐 관위에 그가 쓰러졌을 때, 많은 사람들이 영원히 잊지 못할 기적이 일어났습니다. 40여년을 울리지 않던 피아노에서 일찍이 듣지 못한 너무나 아름다운 음악이 저절로 연주되었기 때문입니다.

45
아무것도 하지 않았다

그 사람은 자기가 다른 사람들과는 다르기 때문에 그들과 함께 처형당하는 것이 억울하다고 생각했다. 다른 사람들은 모두 저항운동에 가담했다가 잡혀 왔으니까 처형당하는 것이 마땅하지만, 자기는 장사나 하고 돈이나 벌며 조용히 살다가 잘못 잡혀온 사람이라는 것이다. 그는 저항운동과는 아무런 관계가 없었으며, 저항운동에 아무런 관심도 없었다. 그는 자신이 너무 억울하게 처형을 당하게 됐다고 생각하며 큰 소리로 외쳐댔다.

"나는 아무것도 하지 않았다! 나는 저항운동을 한 일이 없다. 그런데 내가 왜 이렇게 억울하게 죽임을 당해야 한단 말인가?"

오래 전 우리나라에 소개되었던 영화 '로베레 장군'에 나온 인상 깊은 한 장면이다. 나치에 저항했던 많은 저항 운동가들이 감옥에서 처형당할 때, 저항운동에 참여한 적이 없으면서 잡혀온 한 사나이가 처형을 앞두고 대단히 억울해 하는 모습이다. 이때 순순히 처형을 기다리고 있던 한 저항운동가가 그 사나이에게 이렇게 말했다.

"당신은 아무것도 하지 않았다는 것, 그것이 바로 당신이 죽어 마땅한 점이오. 전쟁은 5년 동안이나 계속되었소. 수백만 명의 무고한 사람들이 무참히 피를 흘렸고 수많은 도시들이 파괴당했소. 조국과 민족은 멸망 직전에 놓여 있소. 그런데도 도대체 당신은 왜 아무런 일도 하지 않았단 말이오!"

우정과 사랑

좋아하는 사람의 이름은 수첩의 맨 앞에 적지만
사랑하는 사람의 이름은 가슴에 새기는 것입니다.

좋아하는 사람은 그에 대해 아는 것이 많은 사람이지만
사랑하는 사람은 그에 대해 알고 싶은 것이 더 많은 사람입니다.

좋아하는 사람은 눈 크게 뜨고 보고 싶은 사람이지만
사랑하는 사람은 눈 감아야 볼 수 있는 사람입니다.

좋아하는 사람은 똑같은 선물을 나누어 갖고 싶은 사람이지만
사랑하는 사람에게는 그에게 줄 선물로도 늘 주머니가 가난합니다.

좋아하는 사람 앞에서는 내 생일이 기다려지지만
사랑하는 사람 앞에서는 그의 생일이 기다려지게 됩니다.
좋아하는 사람은 친구들과 어울려도 즐거울 수 있지만
사랑하는 사람은 오직 나하고만 있어야 기쁜 것입니다.

좋아하는 사람과 헤어질 때는 아쉽지만 돌아서는 것이고
사랑하는 사람은 함께 있는 순간에도 아쉬움으로 느껴집니다.

오해와 이해

어느 날 몸 지체들이 비상회의를 열었습니다. 그때 갑자기 코가 일어나 말했습니다.

"여러분 지금처럼 경기가 어려운 때에 우리 중에 혼자 놀고먹는 못된 백수가 한 놈 있습니다. 바로 저하고 제일 가까이 사는 입이라는 놈인데, 그 입은 자기가 하고 싶은 얘기는 혼자 다하고 먹고 싶은 음식은 혼자 다 먹습니다. 이런 의리 없는 입을 어떻게 할까요."

그 말에 발이 맞장구를 쳤습니다.

"저도 입 때문에 죽을 지경입니다. 우리 주인이 얼마나 무겁습니까? 그 무거운 몸으로 몸짱 만들겠다고 뛰니 발이 아파 죽겠습니다. 그래서 내가 왜 이 고생을 하나 하고 가만히 생각해 보니 저 입이 혼자만 많이 먹어서 그런 것입니다."

그때 손도 말했습니다.

"게다가 입은 건방집니다. 먹을 때 자기 혼자 먹으면 되지 않습니까? 개나 닭을 보세요. 그것들은 스스로 먹을 것을 잘 먹는데, 입은 날 보고 이거 갖다 달라 저거 갖다 달라, 심부름을 시키고 자기만 먹습니다. 정말 메스꺼워 견딜 수가 없습니다."

마지막으로 눈이 말했습니다.

"이렇게 비판만 하지 말고 행동을 합시다. 앞으로는 맛있는 음식이 있어도 절대 보지도 말고, 냄새 맡지도 말고 입에게 가져다주지도 맙

시다."

그 제안이 통과되어 즉시 입을 굶기기 시작했습니다. 사흘이 지났습니다. 손과 발은 후들후들 떨렸습니다. 눈은 앞이 가물가물해서 아무 것도 보이지 않았고, 코는 사방에서 풍겨오는 음식 냄새로 미칠 지경이었습니다. 바로 그때 조용히 있던 입이 말했습니다.

"여러분 이러면 우리가 다 죽게 됩니다. 제가 저만 위해 먹습니까? 여러분들을 위해 먹는 것입니다. 먹는 것도 쉽지 않습니다. 때로는 입술도 깨물고 혀도 깨뭅니다. 그러니 너무 섭섭하게 생각하지 말고 서로 협력하며 삽시다."

그 말에 다른 지체들도 인정하고 받아들이며 예전처럼 자기의 맡은 일을 해서 건강하게 잘 살았다고 합니다.

사람은 다양합니다. 재능도 다르고 성품도 다르고 취미도 다릅니다. 다른 것은 틀린 것이 아닙니다. 다양성에 대한 이해는 공동체 정신의 꽃입니다. 이해는 사랑과 용서의 출발점입니다. '오(5)해'가 있어도 세 번 자기를 빼고 생각하면 '이(2)해'가 될 것입니다.

48
두 수사의 수확

어느 날 한 수도원장이 두 수사에게 임무를 맡겼다.
"들에 나가 밀을 거두어들이게."

밀이 노랗게 익은 6월의 들판은 황금빛으로 빛났고, 두 수사는 수확의 기쁨으로 아침부터 열심히 낫을 가지고 밀을 베었다. 첫 번째 수사는 한 번도 쉬지 않고 열심히 밀을 베었다. 그러나 두 번째 수사는 한 시간마다 쉬면서 일했다.

어느덧 날이 저물고 일을 다 마친 두 수사는 이마의 땀을 닦아 내며 서로의 수고를 격려했다. 그런데 두 사람이 쌓아 올린 단을 보니 쉬지 않고 일한 첫째 수사보다 시간마다 쉬면서 일한 둘째 수사의 단이 더 높은 것이 아닌가?

첫째 수사가 무척 놀라며 물었다.

"아니, 어떻게 쉬지 않고 일한 나보다 쉬어 가며 일한 자네의 단이 더 높은가?"

둘째 수사가 방긋이 웃으며 대답했다.

"저는 틈틈이 쉬면서 낫을 갈았지요."

49
패자와 승자

어려움이 없을 것이라는 생각으로 아무 준비 없이 사는 사람이 있습니다.

시련이 있을 수 있다는 생각으로 늘 준비하며 사는 사람이 있습니다.

어려움이 오면 고통과 마주하지 않고 피해서 도망가는 사람이 있습니다.

어려움이 오면 고통과 맞서 정면으로 통과하는 사람이 있습니다.

어려움이 오면 온갖 수단과 방법을 동원하여 고통을 해결하려는 사람이 있습니다.

어려움이 오면 고통을 받아들이고 조용히 반성하며 기다리는 사람이 있습니다.

어려움이 오면 약한 모습 보이면 안 된다면서 더 강해지는 사람이 있습니다.

어려움이 오면 약한 모습 그대로 보이고도 부드럽게 일어나는 사람이 있습니다.

어려움이 오면 고통으로 인해 마음에 미움과 불신을 쌓는 사람이 있습니다.

어려움이 오면 고통을 통하여 마음에 사랑과 용서를 쌓는 사람이 있습니다.

어려움이 오면 다른 사람의 약점을 찾아다니는 사람이 있습니다.

어려움이 오면 사람 사람에게 잘못한 점을 찾아 반성하는 사람이 있습니다.

어려움이 오면 고통 가운데서 마음의 문을 닫는 사람이 있습니다.

어려움이 오면 고통 가운데서도 마음의 문을 여는 사람이 있습니다.

어려움이 지나간 뒤 고통의 시간을 상처로 안고 사는 사람이 있습니다.

어려움이 지나간 뒤 고통의 시간을 감사로 되새기는 사람이 있습니다.

50
늙음과 낡음

곱게 늙어가는 이를 만나면, 세상이 참 고와 보입니다. 늙음 속에 낡음이 있지 않고, 도리어 새로움이 있습니다. 곱게 늙어가는 이들은 늙지만, 낡지는 않습니다.

늙음과 낡음은 글자로는 불과 한 획의 차이밖에 없지만, 그 품은 뜻은 서로 정반대의 길을 달리고 있습니다.

늙음과 낡음이 함께 만나면, 허무와 절망 밖에는 아무것도 남지 않습니다. 늙음이 곧 낡음이라면, 삶은 곧 '죽어감'일 뿐입니다. 늙어도 낡지 않는다면, 삶은 나날이 새롭습니다. 더 원숙한 삶이 펼쳐지고, 더 농익은 깨우침이 다가옵니다.

늙은 나이에도 젊은 마음이 있습니다. 늙었으나 새로운 인격이 있습니다. 젊은 나이에도 낡은 마음이 있습니다. 젊었으나 쇠잔한 인격입니다.

겉은 낡아 가도 속은 날로 새로워지는 것이 아름답게 늙는 것입니다. 겉이 늙어 갈수록 속은 더욱 낡아지는 것이 추하게 늙는 것입니다.

새로움과 낡음은 삶의 미추를 갈라놓습니다. 글자 한 획만 다른 것이 아닙니다.

PART 6

시 간

51
개구리 요리

프랑스에는 유명한 삶은 개구리 요리가 있다.

이 요리는 손님이 앉아 있는 식탁 위에 버너와 냄비를 가져다 놓고 손님들이 직접 보는 앞에서 개구리를 산채로 냄비에 넣고 조리하는 것이다. 이때 물이 너무 뜨거우면 개구리가 펄쩍 튀어나오기 때문에 맨 처음 냄비 속에는 개구리가 가장 좋아하는 온도의 물을 부어 둔다. 그러면 개구리는 따뜻한 물이 아주 기분 좋은 듯이 가만히 엎드려 있다. 그러면 이때부터 약한 불로 물을 데우기 시작한다. 아주 느린 속도로 가열하기 때문에 물의 온도는 서서히 올라가기 시작한다. 개구리는 자기가 삶아지고 있다는 것도 모른 채 기분 좋게 잠을 자면서 죽어가게 된다.

어쩌면 우리의 삶이 따뜻한 물속의 개구리처럼 덧없는 것은 아닌지 모릅니다. 그럴수록 감사하는 마음으로 기도하면서 항상 새로워지며 깨어 있도록 힘써야 합니다.

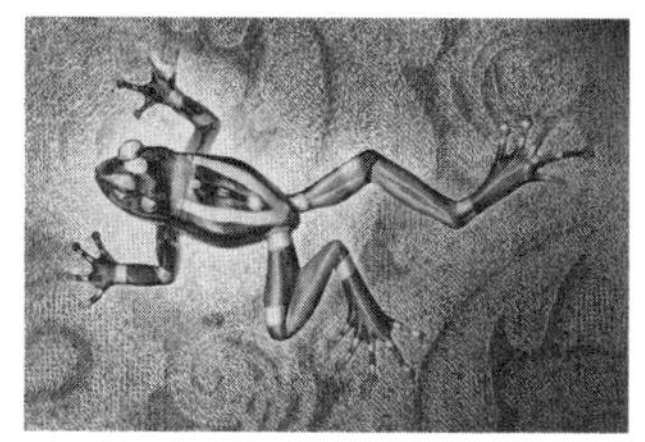

52
오늘은

우리가 아무렇게나 살고 있는 오늘은
너무나도 처절하게 원했던 어제 죽은 자의 내일이다.

53
3초의 여유

엘리베이터를 탔을 때 '닫기'를 누르기 전, 3초만 기다리세요.
정말 누군가 급하게 오고 있을지도 모르니까요.

출발 신호가 떨어져 앞차가 서 있어도 경적을 울리지 말고, 3초만
기다려 주세요.
그 사람은 인생의 중요한 기로에서 갈등하고 있었는지 모릅니다.

내 차 앞으로 끼어드는 차가 있으면, 3초만 서서 기다려요.
그 사람 아내가 정말 아플지도 모르니까요.

친구와 헤어질 때 그의 뒷모습을, 3초만 바라보고 있어 주세요.

혹시 그 놈이 가다가 뒤돌아 봤을 때 웃어줄 수 있도록.

어디서든 불행한 사람을 보면, 잠시 눈을 감고 3초만 그들을 위해
기도하세요.
언젠가는 그들이 나를 위해 기꺼이 그리할 테니까요.

정말 화가 나서 참을 수 없는 때라도, 3초만 고개를 들어 하늘을
보세요.
내가 화낼 일이 얼마나 보잘 것 없는 것은 아니었는지.

차창 밖으로 아이와 눈이 마주 쳤을 때, 3초만 그 아이에게 손을
흔들어 주세요.
그 아이가 크면 분명 내 아이에게도 그리 할 것이니까요.

죄 짓고 감옥 가는 사람을 볼 때 욕하기 전, 3초만 생각해보세요.
내가 그 사람의 환경이었다면 어떻게 되었을까.

54

50년을 새긴 조각

미국 사우스다코타주에 있는 러시모어산은 워싱턴, 제퍼슨, 링컨, 루스벨트 등 역대 미국 대통령의 거대한 두상 조각으로 유명한 곳이다. 또한 그곳에서 27km 떨어진 블랙힐스의 산꼭대기에 인디언 수우족의 추장이었던 크레이지 호스의 바위 조각이 50년 넘게 만들어지고 있다.

1877년 크레이지 호스는 금광을 찾아 나선 백인들로부터 부족과 영토를 보호하기 위해 목숨을 걸고 싸운 추장이었다. 하지만 그를 잡기 위해 일부러 휴전을 제의한 백인들의 작전에 휘말려 결국 목숨을 잃고 말았다.

1940년 수우족의 지도자였던 스탠딩 베어는 근처 러시모어산에 역대 대통령의 조각이 차례로 만들어지는 것을 지켜보며 당시 작업에 참여했던 조각가 코작 지올코프스키에게 편지를 썼다. '우리 인디언에게도 존경할 만한 지도자가 있으니 그 얼굴도 조각해 줄 수 있겠느냐'는 간곡한 부탁에 감동한 지올코프스키는 자신의 재산을 털어 1948년부터 작업을 시작했다. 하지만 1982년 지올코프스키는 조각을 완성하지 못하고 74세 나이로 세상을 떠났다. 그럼에도 불구하고 부인 루스와 10남매가 아버지의 뒤를 이어 그 일을 계속했다.

이 소문이 전해지면서 크레이지 호스 기념재단이 만들어졌고, 미국 전역에서 수만 명의 후원자가 생겼다. 조각을 시작한지 50년 만에 높

이 27m, 너비 18m에 이르는 크레이지 호스의 두상을 완성했고 손과
팔, 말을 조각하는데 50년이 더 걸릴 것 같다.

이것이 완성되면 높이가 자유의 여신상 두 배이며, 손가락 한 개가
버스 크기인 세계 최대의 조각품이 될 것이다. 정부로부터 아무런 지
원 없이 계속되고 있는 이 일은, 처음엔 한 조각가의 손끝에서 시작
되었지만 이제는 인디언의 역사를 남기는 거대한 꿈이 되었다.

<h1 style="text-align:center">55
구두쇠의 유서</h1>

어느 구두쇠가 고리대금업을 하면서 엄청난 돈을 모았다. 이제 그
에게는 평생 편안히 먹고 살 수 있는 넓은 땅과 훌륭한 집, 그리고
엄청난 재물이 있었다. 그리하여 그는 아무 것도 부러울 것이 없었
다. 그래서 그는 생각했다.

'그 동안 나는 너무 고생만 하고 살았어. 이제부터는 돈을 모을 필
요가 없으니 죽을 때까지 안락한 생활을 누려야지.'

하지만 그의 결심은 너무 늦고 말았다. 그의 결심이 이루어지기도
전에 그만 죽음의 사자가 찾아왔던 것이다. 저승사자를 보자 구두쇠
는 너무 억울하다는 생각이 들었다. 이제껏 돈을 모으느라 제대로 먹
지도 못하고 입지도 못하고, 자지도 못했는데 모은 돈을 써보기도 전
에 죽어야 한다는 것이 너무나 분했던 것이다. 구두쇠는 저승사자를

붙들고 애원했다.

"이 가련한 인생에게 은혜를 베풀어 주십시오. 저는 지금껏 맛있는 음식을 먹어본 적도 없고 좋은 옷을 입어본 적도 없습니다. 아시다시피 저는 오직 이 날을 위해 고생도 마다하지 않았습니다. 저에게 조금만 시간을 주십시오."

하지만 저승사자는 꿈쩍도 하지 않았다. 모든 것을 포기한 구두쇠는 마지막으로 저승사자에게 애원했다.

"더도 덜도 말고 사흘만 주십시오. 그렇게 해 주신다면 제가 가진 재산의 3분의 1을 드리겠습니다."

그러나 저승사자는 냉정하게 고개를 가로 저었다.

"그럼 이틀만 여유를 주십시오. 제가 가진 재산의 3분의 2를 드리겠습니다."

이번에도 저승사자는 구두쇠의 요구를 거절했다. 절망에 빠진 구두쇠는 눈물을 흘리며 저승사자의 옷자락에 매달렸다.

"그럼 제가 가진 재산을 다 줄 테니 단 하루만 시간을 주십시오."

하지만 저승사자의 반응은 냉담했다. 결국 구두쇠는 저승사자를 바라보며 처절하게 울부짖었다.

"그럼 글 한 줄을 쓸 시간만이라도 주십시오."

구두쇠의 몸부림이 안쓰러워 저승사자는 그에게 글 한 줄을 쓸 시간만 주었다. 저승사자로부터 허락을 얻자 구두쇠는 손가락을 깨물어 허겁지겁 혈서를 쓰기 시작했다.

'사람들아, 자신의 인생을 살라. 나는 300만 냥이나 갖고 있으면서 단 한 시간도 내 마음대로 살 수 없었다.'

56

팔만 육천 사백 원

매일 아침 당신에게 86,400원을 입금해주는 은행이 있다고 상상해 보세요. 그 계좌는 그러나 당일이 지나면 잔액이 남지 않습니다. 매일 저녁 당신이 그 계좌에서 쓰지 못하고 남은 잔액은 그냥 사라져 버리죠.

당신이라면 어떻게 하시겠어요? 당연히 그날 모두 인출해야죠.

시간은 우리에게 마치 이런 은행과도 같습니다. 매일 아침 86,400초를 우리는 부여받고, 매일 밤 우리가 좋은 목적으로 사용하지 못하고 버려진 시간은 그냥 없어져 버릴 뿐이죠. 잔액은 없습니다. 더 많이 사용할 수도 없어요. 매일 아침 은행은 당신에게 새로운 돈을 넣어주죠. 매일 밤 그날의 남은 돈은 남김없이 사라져 버립니다.

그날의 돈을 사용하지 못했다면, 손해는 오로지 당신이 보게 되는 거죠. 돌아갈 수도 없고, 내일로 연장 시킬 수도 없습니다. 단지 오늘 현재의 잔고를 갖고 살아갈 뿐입니다. 건강과 행복과 성공을 위해 최대한 사용할 수 있을 만큼 뽑아 쓰십시오.

57

시간의 가치

일 년의 가치를 알고 싶으시다면, 학점을 받지 못한 학생에게 물어보세요.

한 달의 가치를 알고 싶다면, 미숙아를 낳은 어머니를 찾아가세요.

한 주의 가치는 신문 편집자들이 잘 알고 있을 겁니다.

한 시간의 가치가 궁금하면, 사랑하는 이를 기다리는 사람에게 물어보세요.

일 분의 가치는 열차를 놓친 사람에게,

일초의 가치는 아찔한 사고를 순간적으로 피할 수 있었던 사람에게,

그리고 십 분의 일 초라는 시간의 소중함은, 아깝게 은메달에 머문 육상선수에게 물어보세요.

58
되찾을 수 없는 소원

자식이 셋 있는 아버지가 있었다. 자식들이 어렸을 때 그는 외지로 떠나 있었다. 그러던 어느 날 비로소 금의환향했다. 그는 그 동안 자식들을 뒷바라지 못했음이 미안했던지, 자식들을 불러 앉히고 말했다.

"나한테는 너희들이 원하는 것을 들어줄 수 있는 능력이 있다. 무엇이든 가리지 말고 소원을 말해보아라."

첫째가 나서서 말했다.

"아버지, 저는 서로가 오해한 탓으로 사랑하는 친구를 잃었습니다. 아버지께서 도와주실 수 있을 런지요?"

아버지가 빙그레 웃으며 응답하였다.

"그렇다면 내가 나서서 오해가 풀리도록 해보마. 내가 못하면 다른 사람을 사서라도 너희 사이가 다시 좋아지도록 해보겠다. 그리고 설혹 오해가 풀리지 않아서 영영 그 친구와 헤어지더라도 너무 상심할 것은 못 된다. 한 사람을 잃으면 다른 한 사람을 얻을 수도 있으니 하는 말이다."

이번에는 둘째가 나섰다.

"아버지, 저는 강도를 만나서 재물을 빼앗겼습니다. 지갑이며 시계 그리고 몇 년 동안 애써 모은 저금통장까지 잃었습니다. 도와주실 수 있을 런지요?"

아버지는 고개를 끄덕이며 흔쾌히 대답했다.

"상심하지 마라. 돈의 액수는 정확히 모르겠다만, 내가 충분히 보상해줄 수 있다. 강도가 네 몸을 상하지 않고 금전만 털어간 것을 나는 고맙게 생각한다."

셋째가 나섰다.

"아버지, 저는 사람도 금전도 아닙니다. 그동안 무료하게 시간을 너무도 많이 잃었습니다. 이 일을 어찌하면 좋습니까? 아버지께서 좀 도와주십시오."

아버지의 얼굴이 갑자기 굳어졌다. 먼 곳만 바라볼 뿐 아버지는 대답이 없었다. 셋째는 무릎걸음으로 다가가서 아버지의 소맷자락을 거머쥐며 다시 말했다.

"아버지, 잃어버린 시간을 찾을 어떤 방도가 없겠습니까?"

아버지가 한숨을 내쉬며 비로소 입을 열었다.

"너의 소원은 어찌할 수 없는 것이다. 임종을 맞는 사람이 너한테 5분만 꾸어달라고 하면 빌려줄 수가 있겠느냐? 다른 모든 것은 도와줄 수가 있어도 시간만은 어쩔 수가 없다. 미안하구나."

59

10분 이상 고민하지 마라

어니 J 젤린스키의 '느리게 사는 즐거움(Dont Hurry, Be Happy)'에 이런 말이 나온다.

'우리가 하는 걱정거리의 40%는 절대 일어나지 않을 사건들에 대한 것이고, 30%는 이미 일어난 사건들, 22%는 사소한 사건들, 4%는 우리가 바꿀 수 없는 사건들에 대한 것들이다. 나머지 4%만이 우리가 대처할 수 있는 진짜 사건이다. 즉 96%의 걱정거리가 쓸데없는 것이다.'

어떤 문제에 대해 우리가 생각할 수 있는 시간은 10분도 안 된다. 무슨 걱정거리가 있건 그것을 종이에 적어 보아라. 틀림없이 서너 줄에 지나지 않는다. 그 몇 줄 안 되는 문제에 대해 10분 안에 해답이 나오지 않으면, 그것은 당신의 능력으로 해결할 수 있는 고민이 아니다. 그런데도 그 10분을 당신은 질질 고무줄처럼 늘려가면서 하루를 허비하고 한 달을 죽이며 1년을 망쳐 버린다. 머리가 복잡하다고 하면서 말이다. 하지만 사실은 해결방안도 알고 있으면서 행동에 옮기는 것을 두려워하는 경우가 대부분이다.

실직을 당한 친구가 있었다. 살아갈 길이 막막하다고 몇 개월을 고민하고 술에 취해 있는 모습을 보았다. 고민의 핵심은 간단하다. 취직이 안 된다는 것이다. 왜 안 될까? 경제가 어려워서? 천만의 말씀이다. 핑계를 외부에서 찾지 마라. 채용할 만한 사람이 아니기 때문이다. 그렇다면 해결책이 나온다. 채용할 만한 사람으로 탈바꿈해야 한다.

앤드루 매터스는 〈마음 가는 대로 해라〉에서 이렇게 말한다.

'새벽에 일어나서 운동을 하고 공부를 하고 사람들을 사귀면서 최대한으로 노력하고 있는데도 인생에서 좋은 일이 전혀 일어나지 않

는다고 말하는 사람을 여태껏 본 적이 없다.'

고민이 많다고 해서 한숨 쉬지 마라. 고민은 당신의 영혼을 갉아먹는다. 문제의 핵심을 정확히 파악하고 해결책을 찾아 그대로 실행하라. 해결책이 보이지 않으면 무시하라. 고민을 하나 안 하나 결과는 똑같지 않은가. 그러므로 고민은 10분만 하라.

60
숯과 다이아몬드

숯과 다이아몬드는 그 원소가 똑같은 탄소라는 것을 아시는지요? 그 똑같은 원소에서 하나는 아름다움의 최고 상징인 다이아몬드가 되고, 하나는 보잘 것 없는 검은 덩어리에 불과하다는 사실을 아시는지요?

어느 누구에게나 똑같이 주어지는 하루 24시간이라는 원소. 그 원소의 씨앗은 누구에게나 주어지지만 그것을 다이아몬드로 만드느냐, 숯으로 만드느냐는 당신의 선택에 달려 있습니다.

삶은 다이아몬드라는 아름다움을 통째로 선물하지는 않습니다. 단지 가꾸는 사람에 따라 다이아몬드가 될 수도 있고, 숯이 될 수도 있는 씨앗을 선물할 뿐입니다.

전 설

61
판도라의 상자

판도라는 하늘에서 땅 위로 내려올 때에 상자를 하나 가지고 왔습니다.

"이것은 인간들에게 주는 신들의 선물이다. 그러나 판도라야! 이 뚜껑을 절대 네 손으로 열면 안 된다."

제우스는 그렇게 말하고 상자를 판도라에게 주었던 것입니다. 그러던 어느 날, 판도라는 갑자기 그 상자 생각이 났습니다. 하지 말라고 하면 더욱 하고 싶어지는 것이 사람의 마음입니다. 판도라는 상자 속을 들여다보고 싶어 견딜 수가 없었습니다.

'대체 그 상자 안에는 무엇이 들어 있는 걸까? 왜 내가 열면 안 된다는 걸까?'

판도라는 너무나 보고 싶은 나머지 잘못된 자신의 생각을 합리화시키며 상자를 꺼내 살며시 뚜껑을 열었습니다. 그 순간, '펑'하며 상자 안에서 여러 가지가 쏟아져 나와 순식간에 하늘로 날아올랐습니다.

제일 먼저 아름다운 작은 새가 날아올라 어디론가 사라져 버렸습니다. 신들이 선물한 것 중에서 좋은 것은 거의 모두 이렇게 해서 인간이 볼 수도 가질 수도 없는 하늘 멀리 사라져 버렸습니다.

그 다음부터가 큰일이었습니다. 뒤이어 나온 것은 징그러운 벌레처럼 생긴 것들이었습니다. 그것은 질병과 재앙, 슬픔. 괴로움, 아픔, 미움, 시기심, 자만심과 같은 마음들이었지요. 판도라가 상자를 열기 전만해도 사람들은 이와 같은 나쁜 일들은 전혀 모르고 즐겁게 지냈습니다. 나쁜 일은 모두 이 상자 안에 갇혀 있었으니 말입니다. 그런데 판도라가 상자 뚜껑을 여는 바람에 나쁜 마음들이 여기저기로 퍼져 나가 인간들이 언제나 접할 수 있게 되었습니다. 판도라는 어떻게 할 수가 없었습니다.

판도라는 뒤늦게 자신의 실수를 깨닫고 급히 상자 뚜껑을 닫았지만 헛일이었습니다. 판도라는 울면서 상자 안을 들여다보았습니다. 그런데 이상한 일이 생겼습니다. 다 날아가고 텅 빈 줄로만 알았던 상자 안에 아주 조그마한 것이 꼼지락거리고 있었습니다. 판도라는 옷자락으로 눈물을 훔치며 상자 바닥에서 꿈틀거리고 있는 것을 보았습니다.

그것은 놀랍게도 '희망'이었습니다. 희망만은 끝까지 어디로 날아가지 않고 그대로 남아 있었던 것입니다. 그리하여 사람들은 희망이라는 것을 가질 수 있게 되었으며, 지금까지도 희망은 우리들과 함께 있습니다. 어떤 나쁜 일이나 괴로운 일이 일어나도, 희망만은 끝까지 남아서 우리들을 위로하고 격려해 주고 있는 것입니다.

62
피그말리온(Pygmalion)

　　옛날 키프로스에 한 조각가가 살았습니다. 그의 이름은 피그말리온이고 남자입니다. 하지만 그는 세상의 여자들에게 아름다움을 느끼지 못했고 어떤 여자도 사랑할 수 없었습니다. 그래서 그는 자신이 사랑할 수 있을 만한 아름답고 사랑스런 여인을 조각하기 시작했습니다. 꽤 오랜 시간이 흐른 후 드디어 아주 아름다운 조각품을 완성했습니다. 그런데 그 여인의 조각이 완성되고 나서 그는 그만 그 조각과 사랑에 빠지고 말았습니다. 그는 매일 그 조각만을 바라보면서 살았습니다.

　　그러던 어느 날, 사랑의 아픔에 시달리던 피그말리온은 아프로디테 여신의 신전(神殿)을 찾아가 자신의 사랑을 이루게 해 달라고 부탁했습니다. 정말 터무니없는 소원이었지요. 그렇게 공허한 소원을 비고 집으로 돌아온 피그말리온은 슬픔에 젖어서 자신이 만든 조각을 꼭 끌어안고 이룰 수 없는 사랑을 안타까워했습니다.

　　그런데 그때 이상한 일이 일어났습니다. 항상 차디차게만 느껴졌던 조각이 그날따라 어쩐지 따뜻하게 느껴지는 것이었습니다. 그는 너무 놀라 한걸음 뒤로 물러섰고, 잠시 후 그녀의 입술에 키스를 했습니다. 그러자 따스한 기운이 그 조각의 입술을 통해 온몸으로 스며들더니 체온이 돌고 심장 박동이 뛰기 시작했습니다. 조각상이 사람이 된 것입니다.

피그말리온은 조각상이었던 그 여인과 결혼해서 행복하게 살았습니다. 무언가를 간절히 바라면 터무니없는 소망이라도 결국 이루어지는 건가 봅니다.

63
해바라기

해바라기는 그게 운명이었어요. 그저 해를 사랑할 수밖에 없었죠. 그건 그들의 거부할 수 없는 정해진 운명이었기에 그들은 거기에 따를 수밖에 없었죠.

해바라기의 소원은 해를 한 번만 만져보고 싶다는 것이었죠. 그렇지만 해는 가까이 하기에는 너무 높이 있었기에 해바라기는 그저 안타까웠어요. 계속해서 해바라기는 자신의 키를 키워나갔어요. 바람이 불면 꺾일 위험이 있다는 것을 알고 있었지만, 해바라기는 자신을 지키는 일보다는 해에게 좀 더 가까이 있고자 하는 소망이 더 간절했으니까요.

그렇게 자꾸만 손 내미는 해바라기를 해는 그저 물끄러미 내려다보았죠. 해바라기는 그런 해가 원망스러웠지만, 너무나 사랑하기에 계속해서 그에게 다가가기 위해 노력했어요.

그렇게 살아오던 해바라기도 기다림에 지쳐서, 너무 긴 기다림에 지쳐서, 고개를 숙이고 말았습니다. 그리고는 그 길었던 기다림을 마감하면서 동시에 해바라기의 생애를 마감했어요. 그렇지만 해바라기는 죽으면서까지 해를 포기하지 않았습니다.

해를 사랑해서 그 기다림으로 인해 까맣게 타버린 동그란 마음들을 남기고 죽었죠. 그 마음의 조각들은 그들의 운명에 따라 또 다시 해를 향한 기다림의 사랑을 시작할 거예요. 그게 거부할 수 없는 해바라기의 운명입니다.

64
장미꽃의 가시

신이 처음에 장미꽃을 만들자 사랑의 신 큐피드는 그 아름다운 장미꽃을 보고 너무나 사랑스러워 키스를 하려고 입술을 내밀었습니다. 그러자 꽃 속에 있던 벌이 깜짝 놀라 침으로 큐피드의 입술을 콕 쏘고 말았습니다.

이것을 지켜보고 있던 여신 비너스는 큐피드가 안쓰러워 벌을 잡아서 침을 빼냈습니다. 그리고 장미 줄기에 꽂아 두었습니다. 그렇게 해서 장미꽃에 가시가 생겼습니다. 그 후에도 큐피드는 가시에 찔리는 아픔을 마다 않고 여전히 장미꽃을 사랑했다고 합니다.

아마 우리의 사랑도 마찬가지일 것입니다. 처음에는 서로 멀리 떨어져 바라볼 수도 있지만 서로에 대한 사랑이 깊어지면 어떤 아픔을 감수하고라도 가까이 다가서려 합니다. 장미꽃의 아름다움뿐 아니라

가시가 주는 아픔까지도 사랑할 때 비로소 장미꽃을 가질 수 있듯이
우리의 사랑도 마찬가지일 것입니다.

65
싸리나무의 전설

옛날 왕자를 무척 따르던 로스페데라는 예쁜 처녀가 있었는데, 그
당시 평민은 왕자를 사랑할 수 없었기 때문에 그녀는 몰래 가슴만 태
우면서 지냈다. 한 번은 이웃나라와 큰 싸움이 벌어졌는데, 가장 믿
던 장군의 배반으로 왕자는 홀로 도망쳐 왕의 사냥터에 숨었다.

로스페데는 평소와 마찬가지로 산에 가서 왕자에게 바치고 싶었던
금반지며 금팔찌를 묻은 싸리나무 밑에서 신께 기도를 드렸다. 그때
그녀는 의복이 찢긴 채로 지쳐 누워 있는 한 청년을 발견했다. 동정
심이 많은 로스페데는 그 청년을 조용히 깨워 포도주와 빵을 먹이고
상처를 씻어 주었는데, 왕자의 무늬가 박힌 보석반지를 보았다. 로스
페데는 그제야 그가 행방불명의 왕자인줄을 알았다. 그리고는 찢어진
옷을 꿰매고 싸리나무 밑을 팠다. 그러나 숨겨 두었던 보물은 모두
노란 황금 물로 녹아버린 상태였다. 할 수 없이 로스페데는 거기서
돋아난 싸리가지를 꺾어드리며, "왕자님 여기 지휘봉이 있으니 정신
차리고 나가 싸우세요."라고 말했다.

이에 왕자는 용기를 얻어 싸리가지 지휘봉으로 처녀가 가지고 온

말을 타고 나가 싸웠다. 말을 타고 나간 왕은 크게 승리했고, 로스페데는 그 후 왕비가 되었다.

아직도 싸리나무 속이 노란 것은 황금 물로 자란 까닭이며, 좋은 향내는 로스페데의 향수 냄새라고 전해진다.

66
물망초

중세 때의 일입니다. 루돌프라는 기사와 금발의 미녀 베르타는 매우 사랑하는 사이입니다. 어느 날 그들은 행복에 젖어 서로의 손을 잡고 강가를 산책하고 있었습니다. 그들은 문득 물가에 피어있는 아름다운 꽃을 보게 되었고, 베르타는 그 꽃이 너무 아름답고 탐스러운 나머지 루돌프에게 그 꽃을 따달라고 부탁했습니다.

루돌프는 그녀를 기쁘게 하기 위해 위험을 무릅쓰고 언덕을 내려 갔습니다. 한손은 잡초를 잡고 몸을 가까스로 의지하며 다른 한손으로 꽃을 꺾었습니다. 순간 잡고 있던 잡초의 뿌리가 뽑히며 루돌프는 세차게 흐르는 강물 속으로 빠져버리고 말았습니다. 루돌프는 거센 강물 속에서 필사적인 몸부림을 치면서 "나를 잊지 말아주오(Forget me not)"라고 그녀에게 외치며 꽃을 손에 쥔 채 도도히 흐르는 강물 속으로 휘말려 들어갔습니다. 루돌프의 손에 쥐어진 파란 꽃이 바로 물망초입니다.

장미꽃의 전설

어느 마을에 아버지 없는 한 소녀와 어머니가 살고 있었어. 그 소녀와 어머니 집 주위에는 가시나무가 많았고 점점 늘어나고 있었지. 처음엔 가시나무가 없었어. 하지만 소녀가 자신을 버린 아버지를 찾겠다고 말할 때마다 어머니는 집 주위에 가시나무를 심었던 거야. 그리고 소녀와 어머니 사이는 점점 나빠져 소녀는 꿈속에서도 어머니가 죽어 버렸으면 좋겠다고 생각했어.

그러던 어느 날, 어머니는 이름 모를 병으로 죽고 말았지. 소녀는 그제야 자신이 어머니를 사랑한다는 것을 알게 되었지. 그리고 어머니를 묻게 되었어. 그런데 문제가 생긴 거야. 그 마을에는 죽은 사람이 아끼던 꽃을 죽은 사람의 옆에 놓아야 그 사람이 그 꽃으로 태어난다고 믿었는데 어머니가 아끼시는 건 그 가시나무뿐이었으니까. 어머니가 가시나무로 태어난다는 건 너무나 슬픈 일이었지. 그리고 가시나무는 꽃이 없었어. 그러자 소녀는 눈물을 흘리며 말했어.

"가시나무야, 내 몸을 뚫고 지나가 나의 피로 꽃을 피우렴."

그 순간 가시나무는 소녀의 몸을 뚫고 지나갔어. 그리고 소녀의 새빨간 피로 꽃을 피웠지. 그래서 가시나무에 핀 붉은 장미는 자신의 목숨을 바쳐서 사랑하는 사람에게만 주는 거야.

작은 진주 이야기

어느 날 밤, 아주 나이 지긋한 할머니가 손녀에게 옛날이야기를 해주고 있었습니다.

아주 먼 옛날에 아름다운 한 아가씨가 살았단다. 그 아가씨는 자신의 미모만큼이나 도도한 아가씨였지. 어느 정도 나이가 차자 여러 청년들이 청혼을 하러 아가씨를 찾아왔지만 그 도도하기 그지없는 아가씨는 불가능한 소원을 얘기하며 청년들을 돌아가게 만들었지.

그러던 어느 날, 맑은 눈을 가진 한 청년이 아가씨를 찾아왔지. 자신은 소금별의 왕자라고 소개했어. 아가씨는 다른 남자들과는 달리 그 사람이 맘에 들었지만 쉽게 승낙하면 이때까지의 자기 자존심이 한 번에 무너질까봐 어려운 소원 하나를 말했어.

그 소원은 바다 속의 진주가 가지고 싶다는 거였지. 소금 왕자는 소금으로 되어있어서 바다에 들어가면 녹아버린다는 걸 알고 있었기에 소금왕자가 거절을 할 거란 생각을 했지. 그렇게 하면 못이기는 척 왕자의 청혼을 받아들이려고 했단다. 하지만 왕자는 아무 조건도 달지 않고 쉽게 그 부탁을 받아들였어. 조금은 놀랐지만 곧 돌아올 거란 생각에 아가씨는 왕자를 붙잡지 않았단다. 그때 왕자의 눈에 눈물을 보았다면 아가씨는 왕자를 보내지 않았을 것을.

그 후로 몇 년의 세월이 흘렀고 왕자는 돌아오지 않았단다. 어느 날 아가씨는 홀로 백사장을 거닐고 있었지. 밀려오는 파도가 발을 간

지럼 태우며 닿는 순간 발밑에 무언가 반짝거리는 게 보였지. 그건 바로 진주였단다. 세상에서 가장 아름답게 빛나는 진주. 아가씨는 그제야 자신의 어리석음을 깨닫고 눈물을 흘렸단다.

이야기를 끝낸 할머니의 눈가엔 한줄기 눈물이 흘러내렸습니다. 할머니의 목에는 아름답지만 슬픈 빛을 내는 작은 진주 목걸이가 걸려 있었습니다.

69
여자들이 정말 원하는 것

젊은 아더왕이 복병을 만나 이웃나라 왕에게 포로 신세가 되었다. 이웃나라 왕은 아더왕을 죽이려 하였으나 아더왕의 혈기와 능력에 감복하여 아더왕을 살려줄 제안을 한다. 그 제안이란, 어려운 질문을 해서 답을 한다면 아더왕을 살려주기로 한 것이다.

이웃나라 왕은 질문에 대한 답을 찾을 기한으로 1년을 주었고, 아더왕이 1년 안에 답을 찾아오지 못할 경우 처형하기로 하였다. 그 질문은 바로 여자들이 정말로 원하는 것은 무엇인가? 였다.

이러한 질문은 현명하다는 사람들도 당황할 어려운 질문인데 하물며 젊은 아더왕은 어떻겠는가. 풀 수 없는 질문으로 보였지만 죽음보다는 나았기에 아더왕은 이웃나라왕의 제안을 받아들여 1년 동안 그 질문에 대한 답을 찾기로 하였다.

아더왕은 자신의 왕국에 돌아와서 모든 백성들에게 묻기 시작했다. 공주들, 창녀들, 승려들, 현자들, 그리고 심지어 광대들에게까지 모두 물어 보았다. 하지만 그 누구도 만족할 만한 답을 줄 수 있는 사람이 없었다.

아더왕의 신하들이 왕에게 말하기를 북쪽에 늙은 마녀가 한명 사는데, 아마 그 마녀는 답을 알 것이라고 그 마녀를 데려오는 것이 어떻겠냐고 제안했다. 그러나 그 마녀는 말도 안되는 엄청난 대가를 요구하는 것으로 유명했다.

1년이 지나 마지막 날이 돌아왔고 아더왕에게는 늙은 마녀에게 물어보는 것 외에 선택의 여지가 없었다. 늙은 마녀는 답을 안다고 선뜻 대답하였지만 엄청난 대가를 요구하였다. 그 대가란 아더왕이 거느린 원탁의 기사들 중 가장 용맹하고 용모가 수려한 거웨인과 결혼하는 것이었다.

아더왕은 충격에 휩싸였고 주저하기 시작했다. 늙은 마녀는 곱추였고 섬뜩한 기운이 감돌기까지 하였다. 이빨은 하나밖에 없었고 하수구 찌꺼기 같은 냄새를 풍겼으며, 항상 이상한 소리를 내고 다녔다. 아더왕은 이제까지 이렇게 더럽고 추잡한 사람은 본적이 없었고, 이런 추한 마녀를 자기의 가장 충성스러운 신하인 거웨인에게 결혼하라고 명령할 수가 없었다. 그러나 거웨인은 자기가 충성을 바치는 아더왕의 목숨이 달려있는 만큼 주저 없이 그 마녀와 결혼을 하겠다고 자원했다. 결혼이 진행되었고 결국 마녀는 아더왕이 가진 질문에 대한 정답을 이야기했다.

여자들이 정말로 원하는 것은 바로 자신의 삶을 자신이 주도하는 것, 곧 자신의 일에 대한 결정을 남의 간섭 없이 자신이 내리는 것이라고 하였다. 답을 듣자 모든 사람은 손바닥을 치며 저 말이야말로 진실이고 질문에 대한 정답이라고 하며, 아더왕이 이제 죽을 필요가 없다고 기뻐했다.

아더왕은 이웃나라 왕에게 질문에 대한 답을 하였고, 이웃나라왕은 그것이야말로 진실이며 정답이라고 기뻐하면서 아더왕의 목숨을 보장해주었다. 하지만 목숨을 되찾은 아더왕에게는 근심이 남아있었다. 자신이 가장 총애하는 거웨인의 결혼에 대한 것이었다. 아더왕은 목숨을 되찾은 기쁨도 있었지만 동시에 거웨인에 대한 일로 근심했다.

거웨인은 대단한 사람이었다. 늙은 마녀는 결혼하자마자 최악의 매너와 태도로 거웨인을 비롯한 모든 사람을 대했다. 그러나 거웨인은 전혀 성내지 않고 오직 착하게 자신의 아내로서 마녀를 대했다. 첫날밤이 다가왔다. 거웨인은 자신의 인생에 있어서 최악의 경험이 될지도 모르는 첫날밤을 앞에 두고 숙연히 침실에 들어갔다. 그런데 침실 안의 광경은 거웨인을 놀라게 하기에 충분했다. 거웨인의 인생에서 지금껏 본 적 없는 최고의 미녀가 침대 위에서 그를 기다리고 있었다. 놀란 거웨인이 미녀에게 어찌된 일이냐고 물었다. 미녀는 말했다. 자신이 추한 마녀임에도 거웨인이 항상 진실로 그녀를 대했고 아내로 인정하였으므로 그에 대한 감사로 이제부터 삶의 반은 추한 마녀로, 나머지 반은 이 아름다운 미녀로서 있겠노라고 하였다. 그러면서 마녀는 거웨인에게 물었다. 낮에 추한 마녀로 있고 밤에 아름다운 미녀로 있을 것인가, 아니면 낮에 아름다운 미녀로 있고 밤에 추한 마녀로 있을 것인가. 거웨인에게 선택하라고 하였다.

거웨인은 이 딜레마에서 선택을 해야만 하였다. 만일 낮에 아름다운 미녀로 있기를 바란다면 주위사람에게는 부러움을 사겠지만, 밤에 둘만의 시간에 추한 마녀로 변한다면 어찌 살 것인가. 아니면 반대로 낮에 추한 마녀로 있어 주위사람의 비웃음을 사겠지만 밤에 둘만 의 시간에 아름다운 미녀로 변해 살 것인가.

거웨인은 마녀에게 자신이 직접 선택하라고 말했다. 마녀는 이 말을 듣자마자 자신은 반은 마녀, 반은 미녀 할 것 없이 항상 아름다운 미녀로 있겠노라고 말했다. 이유는 거웨인이 마녀에게 직접 선택하라고 할 만큼 마녀의 삶과 결정권, 그리고 마녀 자체를 존중해주었기 때문이라고 하였다.

70
산토끼 이야기

옛날 옛적 어느 산속에 잘생긴 산토끼 한마리가 살고 있었대. 근데 이 토끼는 자기의 외모에 너무나 자신만만한 나머지 산속에 있는 동물들에게 으스대며 자랑을 했어. 이렇듯 거만한 토끼를 그냥 보고 있을 수 없다고 생각한 동물들은 토끼를 속이기로 했지. 아름다운 달님 아가씨가 산토끼와 결혼하고 싶다고 말하면서 밤에 산등성이에서 만나자고 했다고 거짓말을 했어. 이 산토끼는 너무나도 기뻤어. 해가 지고 밤이 올 때까지 안절부절 못하고 달님만 기다렸지.

드디어 해가 지고 달님이 떠오르기 시작했어. 그런데 그 달님은 이 토끼가 있는 산등성이가 아닌 저 너머 산등성이에서 얼굴을 내밀었어. 토끼는 자신이 산등성이를 잘못 올라온 줄 알고 건너 산으로 마구 뛰었어. 그러나 달님은 그곳에도 있지 않았어. 이렇게 달님을 쫓아 이 산등성이에서 저 산등성이로 뛰어다니다가 새벽이 오고야 말았어.

토끼는 달님과 결혼하고 싶어 안달이 난거야. 그러나 산토끼는 다른 동물에겐 아직 결혼 날짜만 정하지 않았을 뿐이라고 계속 뽐내고 다녔지. 산토끼는 열심히 매일 밤 달님이 있는 산등성이를 찾아 헤맸어. 산토끼는 달님을 매일 만나지 못했지만 포기하지 않았어. 그러자 그 산토끼의 모습이 변하기 시작했어.

끝없이 달님을 바라보다가 눈 속에 달빛이 비치어 놀란 듯한 표정이 되었고, 매일 이산 저산으로 뛰어다니다 보니 훌륭한 달리기 선수가 되었고, 또 밤새도록 달님이 무슨 이야길 하는지 귀를 쫑긋 기울이던 버릇 때문에 산토끼는 귀가 아주 길게 되어버렸단다. 거만하였던 토끼에게도 사랑이란 것은 어쩔 수 없나봐. 토끼의 모습까지 변하게 만들어 버렸으니까.

PART

8

신 앙

도둑의 성경

어느 날 선교사를 남편으로 둔 부인이 남편의 책상을 정리하던 중이었다. 손바닥 크기의 작은 성경책을 집어 드는 순간 그녀는 소스라치게 놀랐다. 그 성경책은 7년 전 그녀가 학교 기숙사에서 잃어버린 것과 같은 것이었다. 성경책을 얼마나 열심히 보았던지 다 헤어져 있었으나 분명 그 부인의 것임에 틀림없었다. 부인은 성경책을 품에 안고 남편이 오기만을 기다렸다.

얼마 후 선교사가 들어왔다. 그는 피곤한 기색이었으나 아내를 보고 따뜻한 미소를 지었다. 부인은 아무 말 없이 성경책을 탁자 위에 꺼내 놓으며 지긋한 눈길로 쳐다보았다. 그 순간 그의 얼굴엔 일순간 당황하는 기색이 엿보였다. 한동안 침묵이 흐르고 부인이 먼저 입을 열었다.

"이 성경은 오래전에 제가 잃어버린 것입니다. 어떻게 이것이 당신에게 있지요?"

"미안하오. 당신에게 숨긴 것이 있소. 7년 전만해도 나는 도둑이었소. 7년 전 어느 날 밤, 한 기숙사에 들어간 나는 물건을 훔치는 중 책상 위에 있던 성경까지도 모조리 쓸어 담았다오. 집에 돌아와 물건을 정리하던 중 성경책을 보게 되었소. 줄을 그어볼 정도로 성경책은 그 주인에게 귀한 것임을 난 알 수 있었소. 그런데 무심코 펼쳐본 책에 이런 구절이 눈에 들어 왔소. 도적질하는 자는 다시 도적질하지 말고 돌이켜 빈궁한 자에게 구제할 것을 위하여 제 손으로 베푼 선한 일을 헤아려 보라고. 그때처럼 내가 부끄럽게 느낀 적이 없소. 그 뒤로 나는 날마다 이 성경책을 들고 다니며 열심히 공부하여 지금에 이르렀소. 늘 그 성경책의 주인에게 고마운 마음이었는데 바로 당신이었다니."

솔직하게 지난 일을 털어놓는 남편 모습에 부인은 눈물만 흘릴 뿐이었다.

72
우리에게 고통을 주는 이유

주름살이 가득한 얼굴로 슬픔에 잠겨 있던 한 여인이 가슴을 치며 통탄하듯 말했습니다.

"나에게 왜 이토록 고통스러운 일만 가득하단 말인가? 차라리 인간으로 창조되지 않았다면 얼마나 좋았을까?"

옆에서 듣고 있던 한 여인이 조용히 웃으며 말했습니다.

"당신은 아직 완전하게 창조된 것이 아니랍니다. 지금도 하나님께서 당신을 만들어 가고 있는 중입니다."

73
모래 위의 발자국

어느 날 밤 한 사람이 꿈을 꾸었다. 꿈속에서 그는 하나님과 함께 해변을 산책하고 있었다. 그리고 하늘 저편에서는 그가 지금까지 살아온 삶의 모든 장면들이 영화처럼 상영되고 있었다. 각각의 장면마다 그는 모래 위에 새겨진 두 줄의 발자국을 발견할 수 있었다. 하나는 그의 것이었고, 다른 하나는 하나님의 발자국이었다.

그가 살아오는 동안 하나님이 언제나 그와 함께 걸었던 것이다. 마지막 장면이 펼쳐지고 있을 때쯤 그는 문득 길 위에 있는 발자국들이 어떤 때는 단지 한 줄밖에 나 있지 않다는 것을 알아차렸다. 또 그것이 그의 생애에서 가장 절망적이고 슬픈 시기마다 그러했다는 사실을 알았다. 그래서 그는 하나님께 따졌다.

"주여, 당신은 언제나 나와 함께 걸어갈 것이라고 했습니다. 하지만 제 인생에서 가장 힘든 시기들을 뒤돌아보니 거기에는 발자국이 한 줄밖에 없었습니다. 난 이유를 모르겠습니다. 왜 당신은 정작 필요할 때면 나를 버렸습니까?"

하나님께서 말씀하셨다.

"내 소중한 사람아, 난 그대를 사랑하며 결코 그대를 떠나지 않았다. 그대가 힘들고 고통스러웠을 때마다 너의 발자국이 한 줄밖에 없음은 그때마다 내가 그대를 안고 걸어갔기 때문이다."

공원에서 있었던 일

하나님을 만나고 싶어 하는 한 어린 소년이 있었다. 소년은 하나님이 살고 있는 곳까지 가려면 먼 여행이 필요하리란 걸 알았다. 그래서 소년은 초콜릿과 음료수 여섯 병을 배낭에 챙겨 들고 여행길에 나섰다.

사거리를 세 개쯤 지났을 때 소년은 길에서 한 늙은 할머니를 만났다. 그녀는 우두커니 비둘기들을 바라보며 공원 벤치에 앉아 있었다. 소년은 그 할머니 옆에 앉아서 가방을 열었다. 음료수를 꺼내 마시려다 말고 소년은 할머니가 배고파 보인다는 사실을 알았다. 그래서 초콜릿을 꺼내 그 할머니에게 주었다. 할머니는 고맙게 그것을 받아들고 소년에게 미소를 지어 보였다. 할머니의 미소가 너무도 아름다웠기 때문에 소년은 그 미소를 다시 한 번 보고 싶어서 이번에는 할머니에게 음료수를 건네주었다. 할머니는 또다시 소년에게 미소를 지어 보였다. 소년은 매우 기뻤다.

그들은 그날 오후를 그렇게 먹고 마시고 미소 지으면서 공원의 벤치에 앉아 있었다. 그들은 그것밖에는 다른 말을 한 마디도 하지 않았다. 날이 어두워지자 소년은 피곤함을 느꼈다. 그래서 집에 돌아가려고 배낭을 챙겨들고 자리에서 일어섰다. 하지만 몇 걸음 걸어가다 말고 소년은 뒤돌아서서 그 부인에게로 달려와 그녀를 꼭 껴안아 주었다. 할머니는 소년에게 가장 행복한 미소를 지어 보였다.

잠시 후 소년이 집안으로 들어오자 소년의 어머니가 소년의 얼굴에 나타난 행복한 표정을 보고 놀랐다. 어머니가 소년에게 물었다.

"오늘 무엇을 했기에 넌 그렇게 행복해 보이니?"

소년이 대답했다.

"오늘 하나님과 함께 점심을 먹었어요."

엄마가 뭐라고 반응을 보이기 전에 소년이 덧붙였다.

"엄마도 아세요? 하나님은 내가 여태껏 본 것 중에서 가장 아름다운 미소를 가졌어요."

그러는 동안 그 할머니 역시 기쁨으로 빛나는 얼굴을 하고 집으로 돌아왔다. 할머니의 아들이 그녀의 얼굴에 나타난 평화로운 표정을 보고 놀라서 물었다.

"어머니, 오늘 무슨 일이 있어서, 그렇게 행복한 표정이세요?"

그녀가 대답했다.

"나는 오늘 공원에서 하나님과 함께 초콜릿을 먹었단다."

아들이 뭐라고 반응을 보이기도 전에 그녀는 덧붙였다.

"너도 아니? 그분은 내가 생각했던 것보다 훨씬 젊더구나."

75

하나님과의 인터뷰

누군가 하나님을 인터뷰하는 꿈을 꿨습니다.

"네가 나를 인터뷰하고 싶다고 했니?"

하나님이 물으셨습니다.

"시간이 있으시다면."

그가 말했습니다. 하나님은 미소를 지었습니다.

"나의 시간은 영원하다. 무엇이 묻고 싶니?"

"사람들을 보면 뭐가 제일 신기하지요?"

"사람들은 어린 시절을 지루해 하지. 그래서 빨리 자라길 바라고 그리고는 늙어서는 다시 그 시절로 되돌아가길 바라지. 돈을 벌기 위해서 건강을 잃어버리고 그리고는 건강을 되찾기 위해서 돈을 잃어버리지. 미래를 염려하다가 현재를 잊어버려. 마치 사람들은 미래에도 현재에도 살지 않는 것 같이. 죽지 않을 것처럼 살더니 살았던 적이 없었던 것처럼 죽지."

하나님이 그의 손을 잡아 줬습니다. 잠시 침묵이 흐른 후, 그는 하나님께 여쭈었습니다.

"아버지로서 자녀들이 어떤 것들을 배웠으면 하시나요?"

"다른 사람이 자기를 사랑하게 만들 수는 없다는 것을, 단지 자기가 사랑받게끔 놓아두는 것뿐이라는 것을, 다른 이들과 비교하는 것이 좋지 않다는 것을, 용서함으로 용서를 배우기를, 사랑하는 사람에게 커다란 상처를 주는 데는 단지 몇 초의 시간 밖에 걸리지 않지만, 그 상처가 아물기에는 몇 년의 시간이 걸린다는 것을, 부자는 가장 많이 가진 사람이 아니라 가장 적게 필요한 사람이라는 것을, 너희에게 사랑을 표현 못하거나 말하지 못하는 사람 중에서도 너희를 깊이 사랑하는 사람이 있다는 것을, 두 사람이 같은 것을 보고서도 다르게 느낄 수 있다는 것을, 다른 사람을 용서하는 것만이 아니라 자기를 용서해야 된다는 것을 말하고 싶구나."

"시간을 내주셔서 감사합니다."

그는 겸손히 말했습니다.

"당신의 자녀들이 알았으면 하는 다른 것들은요?"

하나님이 미소를 지으며 말했습니다.

"내가 너희와 함께 여기에 있다는 것. 언제까지나 함께."

76
큰 돌과 작은 돌

두 여인이 랍비 앞에 가르침을 받으러 왔다. 한 여인은 자신이 젊었을 때 남편을 바꾼 일에 대해 괴로워하면서 스스로를 용서받을 수 없는 큰 죄인으로 여기고 있었다. 그러나 또 한 여인은 인생을 살아오면서 도덕적으로 큰 죄를 짓지 않았기에 어느 정도 만족하고 있었다.

랍비는 한 여인에게는 큰 돌 열 개를 또 다른 여인에게는 작은 돌 여러 개를 가져오라고 했다. 두 여인이 돌을 가져오자 랍비는 들고 왔던 돌을 다시 제자리에 두고 오라고 했다. 큰 돌을 들고 왔던 여인은 쉽게 제자리에 갖다 놓았지만, 여러 개의 작은 돌을 주워온 여인은 원래의 자리를 일일이 기억해 낼 수가 없었다. 랍비는 말했다.

"죄라는 것도 마찬가지요. 크고 무거운 돌은 어디에서 가져왔는지 기억할 수 있어 제자리에 갖다 놓을 수가 있으나, 수많은 작은 돌들은 원래의 자리를 잊었으므로 다시 가져다 놓을 수가 없는 것이오. 큰 돌을 가져온 당신은 한때 당신이 지은 죄를 기억하고, 양심의 가책에 겸허하게 견디어 왔으나, 작은 돌을 가져온 당신은 비록 하찮은 것 같아도 당신이 지은 작은 죄 들을 모두 잊고 살아온 것이오. 그리고는 뉘우침도 없이 죄의 나날을 보내는 일에 익숙해졌소. 당신은 다른 사람의 죄는 이것저것 말하면서 자기가 죄에 더욱 깊이 빠져있는 것은 모르고 있지요. 인생은 바로 이런 것이라오."

77
씨앗을 파는 상점

한 여인이 꿈에서 시장에 갔습니다. 아주 새 단장한 어느 상점으로 들어갔는데, 그 상점 주인은 다름 아닌 하얀 날개를 단 천사였습니다. 여인이 그 상점에서 무엇을 파는지 묻자 천사가 대답했습니다.

"당신의 가슴이 원하는 무엇이든 팝니다."

그 대답에 너무 놀란 여인은 생각 끝에 인간이 원할 수 있는 최고의 것을 사기로 결심하고 말했습니다.

"마음의 평화와 사랑, 지혜와 행복, 그리고 두려움과 슬픔으로부터의 자유를 주세요."

그 말을 들은 천사가 미소를 지으며 말했습니다.

"부인 죄송합니다. 상점을 잘못 찾으신 것 같군요. 저희 상점에서 열매는 팔지 않습니다. 단지 씨앗만을 팔 뿐이죠."

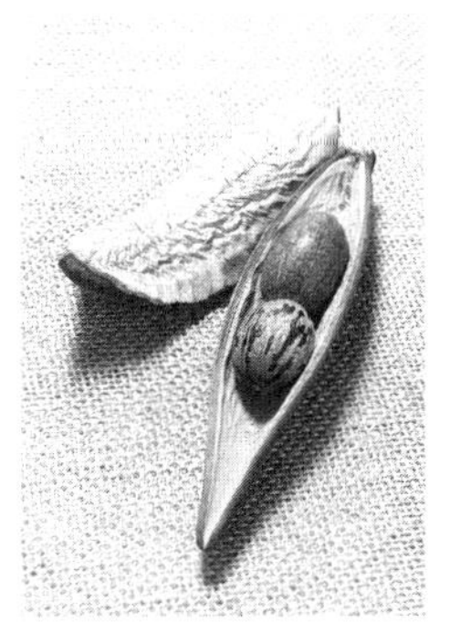

성 어거스틴의 구원

성 어거스틴이 젊었을 때는 어지간히 타락했던 사람이라고 합니다. 어렸을 때부터 재주가 비상하여 천재적인 문학가였고, 명성도 몹시 높았으나 마니교에 취해 몹시 방탕한 생활을 했습니다. 바로 살아보려고 결심도 했습니다. 예수를 믿고 살아보려고 생각도 했습니다. 그러나 불가능했습니다. 허황되고 방탕한 생활에서 헤어날 길이 없었습니다. 그는 어머니의 간곡한 만류를 뿌리치고 로마로 갑니다.

어느 날 그가 황혼 무렵에 동산을 걷고 있을 때 옆에서 누가 말하듯이 소리가 들려왔습니다. "펴서 읽어라. 펴서 읽어라." 하는 분명한 음성이었습니다. 그의 앞에 성경책이 있었습니다. 아무 생각 없이 그대로 폈는데 로마서 13장이었습니다. "밤이 깊고 낮이 가까왔으니 그러므로 우리가 어두움의 일을 벗고 빛의 갑옷을 입자. 낮에와 같이 단정히 행하고 방탕과 술 취하지 말며 음란과 호색하지 말며 쟁투와 시기하지 말고, 오직 주 예수 그리스도로 옷 입고 정욕을 위하여 육신의 일을 도모하지 말라."

그는 이 말씀을 보고 무릎을 꿇었습니다. 그 순간 그는 자신의 의지대로 살 것이 아니라 말씀의 지시대로 순종하며 살기로 했습니다. 마침내 그는 성 어거스틴이 되었습니다.

이상한 설교

어느 교회에 처음으로 취임한 신임 목사님이 있었습니다. 그는 첫 취임 예배에서 아주 멋지고 놀라운 설교를 했습니다. 교인들이 얼마나 기뻐했을까요? 우리가 정말 목사님을 잘 모셔왔다고 생각했겠지요.

그 다음 주일이 되었습니다. 이 목사님이 취임 예배에서 한 설교와 똑같은 설교를 또다시 했습니다. 고개를 갸우뚱하는 교인들이 늘어갑니다. 그래도 이제 두 번째니까 혹시 잊었거나, 아니면 취임 예배로 너무 정신이 없어서 설교 원고를 정리하는 과정에서 착각했을지도 모른다는 생각을 하고 이해할 수가 있었을 것입니다.

그런데, 세 번째 주간에도 이 신임 목사님은 첫 번째, 두 번째 주간에 하신 설교를 똑같이 하셨습니다. 당신은 상상할 수가 있습니까? 똑같은 설교를 세 번 들었을 때 교인들의 반응을 한번 생각해 보십시오. "우리가 모셔 와도 단단히 잘못 모셔왔다"고 말할 것입니다. 한 용감한 교인이 목사님에게 이렇게 묻습니다.

"목사님, 목사님은 언제 새로운 설교를 시작하시겠습니까?"

목사님은 기다렸다는 듯이 이렇게 대답했다고 합니다.

"당신이 이 말씀을 정말로 삶 속에 적용할 때, 그때 저는 새로운 설교를 시작할 것입니다. 당신은 무슨 목적과 동기로 이 말씀을 받으십니까? 아니면, 행동의 변화를 위해서 하나님께서 주신 말씀으로 이 말씀을 받으십니까? 우리가 이 말씀을 순종할 때 참 자유를 얻습니다."

80
도자기공

한 전도사가 도자기 공장 지대에 사는 사람을 방문하였다. 그 사람은 젊었을 때 신앙을 갖지 않은 사람이었다. 전도사는 그 집에 도착하여 유리 상자 속에 든 두 개의 좋은 꽃병을 보고 감탄하며 말했다.

"야! 참 멋있군요. 아주 귀한 것이겠지요?"

"그렇습니다."

"얼마면 파시겠습니까?"

주인은 고개를 휘저으며 전도사에게 말했다.

"이 세상 돈을 다 준다 해도 저 두 개의 꽃병은 절대로 팔 수 없습니다. 저는 몇 년 전만 해도 술주정뱅이에다 노름꾼이었지요. 말하자면 마귀에게 영혼을 맡겨 놓고 살았습니다. 그런데 어느 날 친구의 권유로 교회의 집회에 참석하고 집에 돌아오는 길에 우연히 쓰레기 더미에서 흙 한 무더기를 발견하게 되었습니다. 누군가가 쓸 데가 없어서 버린 것이었지요. 나는 그걸 집에 가져와 반죽을 하고 모형을 만들어 구워 보았습니다. 결국 나는 쓸모없던 흙으로 두 개의 아름다운 꽃병을 만들었습니다. 그 날 저는 이런 생각을 했습니다. 내가 이런 일을 할 수 있다면 하나님께서도 나를 가지고 똑같은 일을 하실 수 있을 거야. 그때부터 저는 제 자신을 하나님의 손에 내맡기고 하나님께서 저를 새 사람으로 만들어 주시길 기도드렸습니다. 결국 하나님께서 그 쓰레기장의 흙무덤 같은 나를 아름다운 꽃병으로 만들어 주신 것입니다."

PART

9

지혜

81
두 수도승

두 수도승이 순례 길을 가다가 강을 만나게 되었다. 그들이 강둑에 이르렀을 때 한 여성이 아름다운 옷을 차려입은 채 서 있었다. 그녀는 혼자서 강을 건너자니 두렵기도 하고, 옷을 벗고 건널 수도 없어서 그렇게 서성거리고 있는 게 분명했다. 고민할 필요도 없이 한 수도승이 그녀를 업고 건너편 강둑까지 데려다 주었다. 강둑에 여성을 내려놓고 두 수도승은 발걸음을 재촉했다. 그런데 한 시간쯤 지났을 때, 다른 수도승이 비난을 늘어놓기 시작했다.

"여자의 몸에 손을 대는 것은 분명히 옳지 않은 일이오. 그것은 계율을 어기는 행동이오. 어떻게 수도승의 몸으로 그런 불경한 행동을 할 수 있소? "

여성을 업어 강을 건너다 준 수도승은 말없이 듣고 있다가 마침내 동료 수도승을 돌아보며 말했다.

"난 그 여성을 한 시간 전에 강둑에 내려놓았소. 그런데 왜 형제는 아직도 그녀를 등에 업고 있소? "

내 자신

다음의 글은 웨스트민스터 대성당 지하묘지에 있는 한 영국 성공회 주교의 무덤 앞에 적혀 있는 글이다.

내가 젊고 자유로워서 상상력에 한계가 없을 때 나는 세상을 변화시키겠다는 꿈을 가졌었다. 좀 더 나이가 들고 지혜를 얻었을 때 나는 세상이 변하지 않으리라는 것을 알았다.

그래서 내 시야를 약간 좁혀 내가 살고 있는 나라를 변화시키겠다고 결심했다. 그러나 그것 역시 불가능한 일이었다.

황혼의 나이가 되었을 때 나는 마지막 시도로, 나와 가장 가까운 내 가족을 변화시키겠다고 마음을 정했다. 그러나 아무도 달라지지 않았다.

이제 죽음을 맞이하기 위해 자리에 누운 나는 문득 깨닫는다. 만약 내가 내 자신을 먼저 변화시켰더라면, 그것을 보고 내 가족이 변화되었을 것을.

또한 그것에 용기를 얻어 내 나라를 더 좋은 곳으로 바꿀 수 있었을 것을. 그리고 누가 아는가, 세상까지도 변화되었을 지도...

침묵의 기적

하루는 어떤 부인이 성 빈첸시오 신부를 찾아와 수심이 가득한 얼굴로 말했습니다.

"신부님, 저는 더 이상 남편과 살지 못하겠어요. 그 사람의 신경질은 지나치다 싶을 정도를 넘어섰어요. 어떻게 하면 우리 가정이 다시 화목해질 수 있을까요?"

빈첸시오 신부는 잠시 생각에 잠겼다가 입을 열었습니다.

"부인, 우리 수도원 앞뜰에는 작은 우물이 하나 있답니다. 수위에게 가서 그 우물물을 좀 얻어 가십시오. 그리고 남편이 집에 돌아오시면 그 물을 얼른 한 모금 입에 머금으십시오. 삼켜서는 안 됩니다. 그러면 놀라운 일이 일어날 겨예요."

착한 부인은 신부의 말대로 수도원의 물을 얻어 가지고 집으로 돌아갔습니다. 그날 밤 늦게 귀가한 남편은 여느 날처럼 부인에게 불평과 잔소리를 늘어놓기 시작했습니다. 전날 같았으면 부인도 마구 달려들었겠지만, 그녀는 빈첸시오 신부의 가르침대로 성수를 얼른 입안 가득히 머금었습니다. 그리고 물이 새지 않도록 입술을 꼭 깨물었습니다. 그러자 남편의 떠드는 소리가 점차 잠잠해졌습니다. 그날 밤 이들 부부는 더 이상 다투지 않고 무사히 밤을 보낼 수 있었습니다.

그날부터 부인은 남편이 신경질을 부릴 때마다 그 성수를 입 안 가득히 머금곤 했습니다.

그것을 여러 차례 반복하는 동안 남편의 행동은 눈에 띄게 변했습니다. 신경질도 줄어들었고, 오히려 부인에게 친절하게 대해 주었습니다.

부인은 남편의 달라진 태도에 무척이나 기뻐하며 신부를 찾아가서 감사의 인사를 드렸습니다. 그러자 빈첸시오 신부는 아주 부드러운 미소를 지으며 이렇게 말했습니다.

"부인 기적을 일으킨 것은 수도원 앞뜰의 우물물이 아닙니다. 바로 당신의 침묵이죠. 당신의 침묵이 남편을 부드럽게 한 것뿐입니다."

84
고통에서 벗어나는 길

히말라야 근처에 위대한 성자가 살고 있었습니다. 그 위대한 스승 밑에 젊고 똑똑한 제자가 생겼습니다. 젊은 제자는 간절하게 스승에게 물었습니다. "어떻게 하면 고뇌에서 벗어날 수 있습니까?" 하고 그때마다 스승은 "그래 내가 가르쳐 주마. 그러나 아직 때가 아니다" 하는 것이었습니다.

하루하루 세월이 흘러 10년이란 긴 세월이 흘러가 버렸습니다. 어느 날 스승은 때가 되었다고 생각하고는 제자를 데리고 숲속으로 갔습니다.

"오늘은 너에게 고뇌에서 벗어나는 방법을 가르쳐 줄 테니 내 뒤를 따르라" 하시고는 정신없이 숲 속을 뛰기 시작했습니다.

한참을 달리던 스승은 큰 아름드리나무를 끌어안고 살려달라고 고함을 치기 시작했습니다. 제자는 나무에 매달린 스승을 떼어놓기 위해 안간힘을 썼습니다. 그러나 스승은 나무에 매달린 채 떨어지지 않았습니다.

제자가 가만히 생각해 보니 나무가 스승을 놓아주지 않는 것이 아니라 스승이 도리어 나무를 잡고 놓지 않고서 살려달라고 소리치고 있는 것이었습니다. 제자는 스승에게 나무가 스승을 놓지 않는 것이 아니라 스승님이 나무를 잡고 놓지 않는 것이니 나무를 잡은 손을 놓으라고 했다. 스승은 마지못해 나무를 놓으면서 "제자야 바로 이것이 고통에서 벗어나는 길이란다" 하고 일러 주셨습니다.

이 때 제자는 고뇌에서 벗어나는 큰 깨달음을 얻게 된 것입니다. 물질과 명예가 나를 놓아주지 않는 것이 아니라 우리 자신이 물질과 명예를 붙잡고 놓지 못하고 괴로움을 받고 있다는 사실을 확연히 깨닫게 되었습니다.

85
소중한 지혜

어느 나라 왕에게 아름다운 외동딸이 있었다. 그 공주가 중병에 걸려 살아날 가망이 없게 되었다. 공주의 병을 고쳐주는 사람에게 공주를 시집보내고 또 왕의 자리도 물려주겠다고, 왕은 방을 붙였다.

먼 시골에 삼형제가 살고 있었다. 삼형제는 각각 특이한 보물을 하나씩 가지고 있었다. 하나는 먹으면 무슨 병이든지 낫게 하는 사과를, 하나는 아주 먼 곳도 볼 수 있는 망원경을, 그리고 또 하나는 빠르게 날 수 있는 요술 담요를 갖고 있었다. 망원경을 가지고 왕이 내건 방을 보게 된 형제들은 요술 담요를 타고 빠르게 날아와서, 공주에게 사과를 먹여 병을 고쳐서 살려 냈다.

왕은 어느 형제를 사위로 택해야 할지 곰곰이 따져 보았다. '내가 망원경으로 보지 않았다면 여기 올수 없었다.' '아냐, 요술 담요가 없었더라면 공주를 살려낼 수 없었지 않을까.' '그렇지만 요술 사과가 없었다면 공주를 살려낼 수 없었지 않을까.' 만일 당신이 왕이라면 누구에게 공주를 시집보내겠는가?

현명한 왕은 사과를 가진 남자를 사위로 택했다. 망원경을 가진 남자는 아직도 망원경을 갖고 있고, 요술 담요 역시 아직도 수중에 있었다. 그러나 사과를 가진 남자는 지금 아무 것도 갖고 있지 않았다. 유일한 것을 바쳤기 때문이다. 남에게 뭔가 해줄 때는 전부를 거기에 거는 것이 아주 중요하다고 〈탈무드〉는 가르쳐준다.

<h1 style="text-align:center">86
어느 선사(禪師)의 교훈</h1>

열아홉의 어린 나이에 장원 급제를 하여 스무 살에 경기도 파주

군수가 된 맹사성은 자만심으로 가득 차 있었다. 어느 날 그가 무명 선사를 찾아가 물었다.

"스님이 생각하기에 이 고을을 다스리는 사람으로 사람으로서 내가 최고로 삼아야 할 좌우명이 무엇이라고 생각하오?"

그러자 무명 선사가 대답했다.

"그건 어렵지 않지요. 나쁜 일을 하지 말고 착한 일을 많이 베푸시면 됩니다."

"그런 건 삼척동자도 다 아는 이치인데 먼 길을 온 내게 해 줄 말이 고작 그것뿐이오?"

맹사성은 거만하게 말하며 자리에서 일어나려 했다. 그러자 무명 선사가 녹차나 한 잔 하고 가라며 붙잡았다. 그는 못이기는 척 자리에 앉았다. 그런데 스님은 찻물이 넘치도록 그의 찻잔에 자꾸만 차를 따르는 것이 아닌가.

"스님, 찻물이 넘쳐 방바닥을 망칩니다."

맹사성이 소리쳤다. 하지만 스님은 태연하게 계속 찻잔이 넘치도록 차를 따르고 있었다. 그리고는 잔뜩 화가 나 있는 맹사성을 물끄러미 쳐다보며 말했다.

"찻물이 넘쳐 방바닥을 적시는 것은 알고, 지식이 넘쳐 인품을 망치는 것은 어찌 모르십니까?"

스님의 이 한마디에 맹사성은 부끄러움으로 얼굴이 붉어졌고 황급히 일어나 방문을 열고 나가려고 했다. 그러다가 문에 세게 부딪히고 말았다. 그러자 스님이 빙그레 웃으며 말했다.

"고개를 숙이면 부딪치는 법이 없습니다."

87

자존심과 명예로 만든 수프

상당한 부와 권력을 가지고 있던 핫산은 어느 날 갑자기 모든 것을 버리고 현자를 찾아가 그의 문하생이 되기로 결심했다. 핫산은 최선을 다해 노력했지만 스승은 그가 아직도 속세에서 가지고 있던 오만함을 버리지 못하고 있음을 안타깝게 생각했다. 핫산이 속해 있던 높은 계급의 특권이나 부의 잔재가 아직도 그의 의식 속에 남아 있었기 때문이다. 그에게 작은 깨달음을 주어야겠다고 생각한 스승은 그를 불러 말했다.

"핫산아, 시장에 가서 양의 내장 40킬로그램만 사오도록 하여라. 그러나 반드시 등에 메고 돌아와야 한다."

핫산은 즉시 마을의 한쪽 끝에 있는 시장으로 달려갔다. 내장을 산 핫산은 피가 뚝뚝 떨어지는 내장을 메고 걷기 시작했다. 흘러내리는 핏물은 순식간에 핫산의 머리에서 발끝까지를 얼룩지게 만들었다. 그런 몰골로 마을의 절반을 가로질러 돌아가야 하는 핫산은 난감한 심정이 되고 말았다. 마을 사람들은 그를 아직도 돈 많은 세력가로 알고 있었으므로 길에서 사람들을 마주칠 때마다 핫산은 무관한 척, 태연한 척 걷고 있었지만, 속마음은 말로 표현할 수 없는 모욕감으로 얼룩져가고 있었다.

핫산이 힘겹게 사원으로 돌아왔을 때, 스승은 내장을 부엌으로 가져가서 요리사에게 전해주고 모든 제자들이 함께 나누어 먹을 수 있도록 수프를 끓이라고 지시했다. 하지만 요리사는 그렇게 많은 양의 내장을 끓여낼 만한 큰 냄비가 없다고 말했다.

"그게 문제란 말인가?"

핫산을 바라보면서 스승이 다시 말했다.

"핫산아, 지금 당장 정육점에 가서 큰 냄비를 빌려오도록 하여라."

정육점은 마을의 반대편 끝에 위치해 있었다. 핫산은 피로 얼룩진 흉측한 모습으로 이번엔 반대쪽 마을을 가로질러 가지 않을 수 없었다. 길에서 사람을 마주칠 때마다 핫산은 매번 심한 모욕감으로 얼굴이 달아올랐다. 자존심이 상할 대로 상한 핫산은 스승이 시킨 대로 커다란 냄비를 가지고 돌아왔다. 그리고는 더러워진 몸을 씻으러 부리나케 세면장으로 내려갔다. 얼마 후 스승은 핫산을 다시 불러 말했다.

"핫산아, 지금 당장 시장으로 가거라. 그리고 길에서 사람들을 만나면 혹시 등에 짐승의 내장을 지고 가는 사람을 본 적이 있는지 물어보도록 해라."

핫산은 스승이 시키는 대로 길에서 만나는 사람들에게 혹시 조금 전에 등에 짐승의 내장을 지고 가는 사람을 본 적이 있느냐고 물어보았다. 그러나 대부분의 사람들은 그런 광경을 본 적이 없다거나 전혀 기억이 나지 않는다고 대답했다.

핫산이 사원으로 돌아오자 스승은 이번에는 정육점 방향으로 가면서 길에서 만나는 사람들에게 똑같은 질문을 하라고 했고, 이번에도 결과는 마찬가지였다. 피로 얼룩진 채 큰 냄비를 들고 가는 사람을 아무도 본 적이 없다는 것이었다. 핫산이 이 얘기를 스승에게 전했을 때 스승이 말했다.

"이제 알겠느냐? 아무도 너를 보았거나 기억하고 있는 사람은 없었다. 너는 사람들이 형편없는 네 모습을 보고 너를 비웃을 것이라고 생각했겠지만 사실 아무도 네 모습을 염두에 두지 않았다. 다만 네 스스로 남의 시선을 대신하여 네 시선으로 너를 바라보았을 뿐이다."

저녁이 되자 스승이 큰 잔치를 준비하고 모든 제자들을 한 자리에 불러 모은 뒤, 이렇게 말했다.

"자, 마음껏 들라. 이 수프는 핫산의 자존심과 명예로 만든 수프다."

88
알맹이와 그릇

아는 것이 많고 머리는 명석하지만 얼굴이 몹시 못생긴 랍비가 있었다. 어느 날 그 랍비는 로마 황제의 딸인 왕녀와 만나게 되었다. 왕녀는 랍비의 못생긴 얼굴을 보고는 눈살을 찌푸리면서 이렇게 말했다.

"오, 그토록 뛰어난 실력이 이토록 못생긴 그릇에 들어있다니!"

랍비는 그 소리를 듣고 이렇게 물었다.

"궁에 술이 있나이까?"

"물론이지요, 좋은 술이 있지요."

"그 술은 어떤 항아리에 들어있나이까?"

"그야 질그릇으로 된 술 항아리에 들어 있지요."

왕녀의 대답을 들은 랍비는 안타깝다는 듯이 말했다.

"왕실이면 금이나 은그릇이 많을 터인데 그렇게 좋은 술을 질그릇에 담아서 되겠습니까?"

왕녀는 당장 시녀를 불렀다.

"여봐라! 지금 당장 궁궐 안에 있는 모든 술을 금이나 은으로 만든 그릇에 옮겨 담도록 하라!'"

하루는 황제가 술을 마시다가 화를 벌컥 냈다.

"아니, 술 맛이 왜 이 모양이냐?"

신하가 왕녀의 명령을 받고 술을 옮겨 담은 일을 소상하게 알려주었다. 황제는 왕녀를 불러서 호된 꾸중을 했다. 황제에게 꾸중을 들은 왕녀는 그 못생긴 랍비를 불렀다.

"그대는 분명 술을 금이나 은그릇에 담아두면 맛이 변한다는 사실을 알았을 텐데..."

랍비는 부드러운 미소를 보이면서 말했다.

"나는 다만 사람이든 물건이든 내용보다는 겉을 보고 판단해서는 안 된다는 것을 가르치고 싶었을 뿐입니다."

89

농부의 호두

먼 옛날 신이 이 세상에서 인간과 함께 살던 시절이 있었다. 하루는 호두 농사를 짓는 농부가 찾아와 이렇게 부탁했다.

"저에게 일 년만 날씨를 맡겨주십시오. 일 년 동안 제 뜻대로 날씨가 바뀌도록 해 주십시오."

농부가 하도 간곡히 사정하는 터에 신은 그가 일 년 동안 날씨에 대한 모든 것을 조정할 수 있도록 허락해 주었다. 일 년 동안 날씨는 농부의 마음대로 되었다.

그가 따사로운 햇볕을 원하면 햇볕이 내리쬐었고, 시원하고 촉촉한 비를 원하면 비가 내렸다. 덜 여문 호두알을 떨어뜨리는 바람도, 천둥도 없었다. 모든 게 순조롭게 되어갔다. 농부는 나무 그늘 아래에 누워 그저 잠만 자면 되었다.

이윽고 가을이 찾아왔다. 호두는 상상할 수 없을 만큼 대풍년이었다. 농부는 기쁨에 들떠 산더미처럼 쌓인 호두 가운데 하나를 깨뜨려 보았다. 그런데 세상에, 알맹이가 하나도 없는 것이 아닌가? 농부는 털썩 주저앉고 말았다.

농부는 빈껍데기 호두를 들고 신을 찾아가 어찌 된 일이냐고 따졌다. 그러자 신은 빙그레 웃으며 말했다.

"도전이 없는 것에는 알맹이가 들지 않는 법. 폭풍 같은 방해도 있고, 가뭄 같은 갈등도 있어야, 껍데기 속의 영혼이 깨어나 여무는 걸세."

90
기러기의 여행

겨울을 나기 위해 무리지어 날아가는 기러기들은 'V'자를 그리고 있습니다. 수많은 기러기들이 누가 시킨 것도 아닌데 자기들끼리 알아서 'V'자로 편대를 짓고 날아갑니다. 그 이유는 앞서 날고 있는 새가 날개를 펄럭이면 바로 뒤에 따라오는 새가 날기 쉽도록 기류가 생성되기 때문입니다.

과학자들에 의하면 'V'자 편대로 날면 혼자 나는 것보다 최소한 70퍼센트 이상 더 멀리 날수 있다고 합니다. 기러기들은 자기 자리를 지키며 함께 날아가는 것이 더 효과적이라는 걸 본능적으로 알고 있는 것입니다.

우리들 역시 누군가가 선두에 서고 그 뒤를 'V'자 맨 앞자리에 서려고 다투거나 또 자신의 능력만 믿고 혼자 날려고 한다면 얼마 날지 못하고 지쳐버릴 겁니다.

PART

10

웃 음

웃음의 위력

세상에는, 생각이 다른 데 있는 사람의 표면적인 웃음과 더 높고 더 깊은 지성적인 웃음, 그리고 초자연성과 정신적인 인식을 필요로 하는 가장 높고도 깊은 영혼에서 배어 나오는 웃음이 있다.

이 세 가지 웃음의 수준은 계발할 필요가 있다. 모든 계발이 필요로 하듯이 이는 노력해 볼 만한 가치가 있다. 웃음이 없는 얼굴은 의도하지 않았는데도 적대감을 불러일으키기도 한다. 웃는 얼굴은 적대감을 막는다. 작은 웃음도 그 역할을 할 수 있다.

증오심으로 이글거리는 눈으로 총부리를 겨누고 선교사를 죽이려 달려드는 군인 앞에서 월시 신부는 이상한 행동을 했다. 웃음을 지은 것이다. 잠시 그 군인은 당황하여 멈추어 선 채 그를 쳐다보았다.

군인은 미움과 증오심, 저항, 이런 걸 예상했던 것이다. 이것은 전에 겪지 못한 경험이었다. 그도 신부를 빤히 쳐다보다가 어린 소년처럼 웃어 버렸다. 후에 월시 신부가 수양의 길을 떠나기 위해 자기 방으로 와보니 모든 옷이 가지런히 개켜져 있었던 것이다. 바로 한 번의 웃음이 그 군인의 마음을 움직이게 한 것이다.

92
지하철에서

한 40대 아저씨가 지하철을 탔어요. 근데 지하철이 5분이 지나도 10분이 지나도 문을 닫지 않는 거예요. 이상하게 생각한 이 아저씨가 밖에 무슨 일이 있나 싶어서 문밖으로 목을 내밀어 보려고 하는 그 순간!!

그만 지하철 문이 닫혀서 목이 끼었어요. 근데 이 아저씨는 목이 낀 채로 계속 웃는 거예요. 아주 신나게요.

옆에 있던 꼬마가 이상해서 아저씨께 물었죠.

"아저씨 안 아프세요? 왜 자꾸 웃어요?"

그러자 아저씨 말하길,

"나 말고 한 사람 더 있어."

93
초보 아나운서의 실수

처음으로 스포츠 뉴스 진행을 맡은 초보 아나운서.

첫 생방송이라 너무 긴장한 나머지 몇 번이고 외웠던 문장을 잘못 읽고 말았다.

"오늘 내리기로 한 소나기는 프로야구 관계로 모두 취소되었습니다."

94
변호사의 전화

어느 풋내기 변호사가 사무실을 새로 열었습니다. 막상 문은 열었으나 아무도 찾아오지 아니하다가 한 손님이 문을 열고 들어섰습니다.

변호사는 부랴부랴 전화 수화기를 들고 통화하는 시늉을 합니다.

"죄송합니다만 맡은 사건이 너무 많아서 어렵겠습니다."

수화기를 내려놓으면서 근엄한 목소리로 그는 입을 열었습니다.

"손님은 무슨 사건으로 오셨습니까?"

손님은 한동안 머뭇거리다가 조용히 입을 열었습니다.

"저, 사실은 전화국에서 나왔습니다. 선생님 사무실에서 신청하신 전화선을 놓아드리려고요."

95
나는 어디에 속하는가?

모리스는 침울한 모습으로 마이애미의 해변을 따라 걸어가고 있는
친구 샘을 만났다.

"왜 그리 슬픈 얼굴을 하고 있나?"

그가 샘에게 물었다.

"왜냐고? 그 이유를 말해 주지. 내가 어떤 부류의 동물인지 생각
중이야."

"무슨 말이야?"

"내 말 좀 들어 봐. 동물들 중의 왕은 사자이고, 그래서 곰도 사자
를 무서워하잖나. 그리고 늑대는 곰을 무서워하고, 고양이는 늑대를
무서워하고, 쥐는 고양이를 두려워해. 그런데 나는 무슨 동물이지?
내 아내는 쥐를 무서워하는데 난 내 아내를 두려워하니 말이야!"

96
삶은 무엇인가?

어느 한 젊은이가 삶이 궁금하여 이리저리 돌아다니며 물어보았다.
스님한테도 물어 보고 선생님께도, 컴퓨터한테도 물어 봐도 도움은커

녕 한 마디도 자기가 알고 싶은 것에 대한 말은 없었다. 그런데 술을
마시러 포장마차에 가는 길에 젊은이는 환호성을 질렀다. 그곳에는
이렇게 써있었다.

'삶은 계란'

97
지옥에서 생긴 일

최근에 벌어진 여러 상황들 때문에 옥황상제는 염라대왕에게 명퇴
를 권했다. 염라대왕은 억울했다. 그 모든 건 바로 한국인들 때문이
라고 생각했다.

나이를 먹어 눈이 침침해지긴 했지만, 사실 한국인들은 성형수술과
연예인 따라잡기를 통해, 모두가 비슷하게 생겼기 때문에 천당 갈 사
람을 지옥으로 보내고 지옥 보낼 사람을 천당으로 보냈기 때문이었
다.

게다가 지옥으로 보낸 한국인들은 '찜질방'에서 단련된 체력을 바
탕으로 오히려 지옥생활을 더욱 즐기고 있었다.

오늘도 지옥에서 들려오는 염라대왕을 좌절케 하는 한 마디, "얘들
아, 유황불 나왔다. 들어가자."

98
함장과 일병의 대결

군함 한척이 달도 없는 어두운 밤에 항해를 하고 있었다. 그런데 정면에 불빛이 보이는 것이었다. 군함 정면에 나타난 불빛을 보고 함장은 빛으로 신호를 보냈다.

"방향을 서쪽으로 10도 돌려라!"

상대가 답신을 보냈다.

"당신이 방향을 동쪽으로 10도 돌려라!"

화가 난 함장은 다시 신호를 보냈다.

"나는 해군함장이다. 네가 방향을 돌려라!"

상대가 다시 신호를 보내왔다.

"나는 해군 일병이다. 그쪽에서 방향을 돌려라!"

화가 끝까지 난 해군함장은 최후의 신호를 보냈다.

"이 배는 전함이다. 절대 진로를 바꿀 수 없다!"

그러자 상대도 마지막 신호를 보냈다.

"여기는 등대다. 니 맘대로 해봐라!"

99
머리카락

대학생이 있었다. 그는 머리카락이 너무 없어서 고민을 하다가 마침내 심기로 결심을 했다. 대학 4년간 열심히 아르바이트를 했다.

졸업할 즈음, 그동안 땀 흘려 번 돈을 몽땅 털어 머리를 심을 수 있었다. 그 남자는 머리를 보며 매우 흡족했다. 움츠렸던 어깨를 쫙 펴고 기쁜 마음으로 집에 들어갔는데, 어머니께서 떨리는 목소리로 말씀하셨다.

"너, 영장 나왔어!"

100
당찬 아이

다섯 살인데도 다른 아이들에 비해서 머리가 좋은 꼬마가 엄마에게 말했다.

"엄마, 서점에 가요!"

"응, 서점은 뭐하게?"

꼬마는 이유도 말하지 않고 계속 졸라대기만 했다. 엄마는 할 수 없이 꼬마를 데리고 서점에 갔고, 꼬마는 교육 코너에서 《어린이 양

10. 웃음

육법》이라는 제목의 책을 들고 나오는 것이었다. 엄마는 책의 제목을 보고서 궁금해 하며 물었다.

"우리 아들, 왜 그 책으로 골랐어?"

그러자 태연한 표정으로 꼬마가 말했다.

"응? 내가 올바로 양육되고 있는지 조사해 보려구!"

PART

11

믿음

적과의 약속

　로마 공화국과 카르타고 제국 사이에 벌어진 포에니 전쟁 때의 일이다. 엎치락뒤치락하는 치열한 전투가 계속되는 중에 카르타고 군이 열세에 몰렸는데, 그때 불행히도 로마의 레규러스 장군이 카르타고 군의 포로가 되고 말았다.

　카르타고 군은 처음에 그를 죽이려고 했지만, 점점 전세가 불리해지자 논의 끝에 그를 휴전협상에 이용하기로 하고 그에게 한 가지 제안을 했다.

　"장군, 우리는 로마와 휴전하기를 원하오. 장군의 주선에도 불구하고 로마가 강화에 응하지 않는다면 장군은 다시 이 감옥으로 돌아올 것을 약속해야 하오."

　레규러스 장군은 당장 살기 위해서 로마로 돌아갈 것인지, 여기서 명예롭게 죽음을 택할 것인지 심각한 갈등에 빠졌다. 결국 그는 자신이 죽기 전에 조국을 위해 해야 할 일을 깨닫고는 그들의 요구를 받아들였다.

　얼마 뒤 로마로 돌아가게 된 장군은 그의 귀국을 진심으로 기뻐해 주는 황제에게 자신이 돌아온 이유를 차근차근 설명했다.

　"나는 그들에게 강화를 주선하라는 요구를 받고 돌아왔습니다. 하지만 강화에 응하지 말라고 권하고 싶습니다. 지금 카르타고는 심한 혼란 속에 있기 때문에 우리가 조금만 더 버티면 그들은 곧 스스로

망하고 말 것입니다."

그는 자신이 알고 있는 카르타고의 실정과 군사 정보를 상세히 알려 준 뒤, 자신은 그들과의 약속대로 카르타고로 다시 돌아가야 한다고 했다. 그때 곁에 있던 많은 사람들이 그를 만류했지만, 그는 단호히 이렇게 말했다.

"만일 내가 돌아가지 않는다면 그들은 모두 로마인들을 거짓말쟁이라고 비웃을 겁니다. 이것은 나 개인이 아닌, 로마 제국 전체의 명예와 신의에 관계 되는 일입니다. 비록 적과의 약속이지만 지킬 것은 지켜야 합니다."

102
아이가 할 수 있는 모든 방법

화창한 토요일 오후, 조니는 아빠와 함께 오랜만에 정원을 손질했다. 잔디를 깎고 잡초를 뽑고, 정원수들도 다듬고 화단의 꽃에다 물도 주었다. 때마침 바람이 신선하게 불어 일하기에도 그리 덥지 않았다. 조니와 함께 잔디밭 여기저기에 삐죽하게 자라난 잡초를 뽑고 있던 아빠는 잔디밭 한가운데에 커다란 돌이 놓여있는 것을 보고, 조니에게 잔디밭 밖으로 굴려버리라고 말했다. 조니는 있는 힘껏 돌을 굴리려고 했지만, 커다란 돌은 꿈쩍도 하지 않았다. 한참동안 끙끙대던 조니는 결국 두 손을 들고 말았다.

"아빠, 못하겠어요. 도저히 이 돌을 움직일 수가 없어요."

그러자 아빠는 조니에게 부드럽고 다정한 목소리로 말했다.

"애야, 네가 할 수 있는 모든 방법을 동원한다면 너도 얼마든지 그 돌을 치울 수 있단다."

조니는 다시 기운을 내서 돌을 움직여 보려고 안간힘을 썼지만 역시 아무 소용이 없었다. 마침내 조니가 눈물을 글썽이며 울먹이자 아빠는 조니의 등을 토닥거리며 이렇게 말했다.

"조니, 나는 네가 돌을 움직여보려고 애쓰는 모습을 가만히 지켜보았단다, 하지만 너는 한 가지 사실을 잊고 있더구나."

조니의 두 눈이 호기심으로 동그래졌다. 아빠는 미소를 지으며 덧붙였다.

"너는 네 옆에 내가 이렇게 서 있다는 것을 잊고 있더구나. 나는 언제든지 너를 도와줄 준비가 되어 있는데, 나에게 도움을 구할 생각조차 하지 않더구나."

조니는 금방 눈을 반짝이며 아빠에게 도와달라고 부탁했다. 아빠와 힘을 합쳐 큰 돌을 잔디밭 밖으로 밀쳐낸 조니는 기뻐하며 외쳤다.

"아빠, 우리가 해냈어요."

마음먹기에 따라서

페스탈로치는 어린 시절 몸이 약하고 수줍음이 많아 또래 아이들에게 겁쟁이라고 놀림을 받았다. 그러던 어느 날 그는 할아버지와 함께 산책을 했다. 시원한 바람이 볼을 스치고 산새들의 즐거운 노랫소리가 들리는 숲속 길을 걸으며 그는 매우 즐거워했다.

어느새 날이 조금씩 어둑해지자 그들은 집으로 발길을 재촉했는데 돌아가는 길에 시냇물을 건너게 되었다. 페스탈로치는 할아버지를 바라보며 싱긋 웃었다. 그는 틀림없이 할아버지가 자기를 업고 건널 것이라고 생각했다. 그런데 뜻밖에도 할아버지는 그의 손을 놓더니 혼자 펄쩍 뛰어 시냇물을 건너 는 것이 아닌가.

"할아버지, 저는 어떻게 해요?" 페스탈로치가 발을 동동 구르며 울먹거렸다.

"뭐가 무섭다고 그러느냐? 뒤로 두어 발짝 물러서서 힘껏 뛰어봐."

할아버지의 말에 페스탈로치는 겁에 질려 울음을 터트리고 말았다. 그러자 할아버지가 짐짓 화난 표정으로 말씀하셨다.

"못 건너면 할아버지 혼자 갈 테다."

어둠 속에서 냇물 소리는 더욱 무섭게 들리는데 할아버지는 혼자서 앞을 향해 걸어가려고 했다. 순간 홀로 남겨진다는 두려움에 놀란 그는 엉겁결에 펄쩍 뛰어 냇물을 건넜다. 그러자 뒤돌아섰던 할아버지가 달려와 그를 다정하게 안아 주셨다.

"그래, 그렇게 하는 거야. 잘했다. 이제 넌 언제든지 네 앞에 나타난 냇물을 건너뛸 수 있을 게다. 애야, 무슨 일이든 마음먹기에 달렸단다."

할아버지의 말씀과 그날의 경험은 페스탈로치가 어른이 된 뒤 많은 실패 속에서도 용기를 잃지 않도록 큰 힘이 되어 주었다.

<h1 style="text-align:center">104
무하마드 알리</h1>

신문 스포츠난에 세 단어의 큼지막한 활자가 실렸다.

'난 세계 최고다!'

이것은 캐시우스 클레이라고 하는 젊은 무명의 권투선수가 소니 리스톤과의 큰 시합을 앞두고 신문기자에게 한 말이었다. 신문기자는 갑자기 나타난 그 건방진 친구를 한껏 비웃는 기사를 실었다.

하지만 그가 일방적인 시합으로 승리하자 언론은 그를 주목하기 시작했다. 그는 시합에서 이겼을 뿐 아니라 그것을 예언까지 했던 것이다. 클레이는 곧이어 세계 순회 경기를 돌면서도 "난 세계 최고다!"라는 말을 되풀이했다. 또한 그는 자신이 상대방을 몇 회에 쓰러뜨릴 것인지도 예언하기 시작했다. 한 두 경기를 제외하고는 그의 예언이 적중했다. 훗날 무하마드 알리로 이름을 바꾼 이 선수는 과연 미래를 보는 신비한 힘을 갖고 있었던 걸까? 우리가 알지 못하던 어떤 걸 그는 이해하고 있었을까? 무하마드 알리가 갖고 있던 신비의 힘은 바로 자기 확신이었다. 알리는 결코 "난 최고의 선수다."라든가 "난 최고에 가까운 선수다."라고 말하지 않았다. 그는 아주 간단하고 분명하게 "난 세계 최고다!"라고 외치고 다녔다. 나폴레옹 힐의 다음의 말을 그는 가장 잘 증명해 보인 것이다.

"마음은 무엇을 믿든지 그 믿음 그대로 해낸다."

105
아기의 천사

옛날 하늘나라에 곧 지상으로 내려가게 될 아기가 있었대요. 그 아기는 하나님께 물었죠.

"하나님께서 절 내일 지상으로 보내실 거라는 얘기를 들었어요. 이렇게 작고 무능력한 아기로 태어나서 저보고 어떻게 살라고 그러시는 거예요?"

"그래서 너를 위한 천사를 한 명 준비해 두었지. 그 천사가 널 돌봐줄 거란다."

"하지만 여기서 전 노래하고 웃으며 행복하게 지내는 걸요."

"지상에서는 네 천사가 널 위해 노래하고 미소 지어줄 테니까, 넌 그 천사의 사랑 속에서 행복함을 느끼게 될 거란다."

"하지만 전 사람들의 말을 모르는데 그들이 하는 말을 어떻게 알아들을 수 있죠?"

"네 천사가 세상에서 가장 감미롭고 아름다운 말로 너한테 얘기해 줄 거란다. 그리고 인내심과 사랑으로 네게 말하는 걸 가르쳐줄 거야."

"그렇다고 해도 제가 하나님께 말하고 싶을 땐 어떡해요?"

"그럼 네 천사가 네 손을 잡고 어떻게 기도하면 되는지 알려 줄 걸."

"지상에는 나쁜 사람도 많다던데 그 사람들로부터 저 자신을 어떻게 보호하란 말인가요?"

"네 천사가 목숨을 걸고서라도 널 보호해 줄 거야."

"하지만 하나님을 보지 못하게 되면 너무 슬플 텐데요."

"네 천사가 나에 대해 얘기해 주고, 나한테 다시 돌아올 수 있는 방법을 알려 줄 거란다. 난 늘 네 곁에 있을 거지만."

그 순간 하늘이 평온해지면서 벌써 지상에서 목소리가 들려오기 시작했어요.

"하나님, 제가 지금 떠나야 한다면 제 천사 이름이라도 좀 알려 주시겠어요?"

"네 천사를 넌 '엄마'라고 부르게 될 거란다."

106
거짓말은 하지 않는다

캐나다 총리 장 크레티앙은 '시골호박' 이라는 별명을 얻을 만큼 수수하고, 밤엔 부인과 함께 근처 피자가게에 불쑥 나타나는 소탈한 성격이다. 그러나 가난한 집안의 19형제 가운데 열여덟째로 태어난 그는 선천적으로 한쪽 귀가 먹고, 안면 근육 마비로 입이 비뚤어져 발음이 어눌했다. 그런 그가 신체장애를 딛고 93년 총리가 된 이래 세 번이나 총리에 임명되었다. 하지만 총리의 신체장애는 때론 정치만화가의 풍자 대상이 되었고, 작은 사건도 크게 부풀려져 호기심의 대상이 되었다.

다음은 그가 선거유세를 다닐 때 일이다.

"여러분, 저는 언어장애를 가지고 있습니다. 그 때문에 오랜 시간 고통을 당하기도 했습니다. 하지만 지금은 제가 가진 언어장애 때문에 제 생각과 의지를 전부 전하지 못할까 봐 고통스럽습니다. 인내심을 가지고 저의 말에 귀 기울여 주십시오. 저의 어눌한 발음이 아니라 그 속에 담긴 저의 생각과 의지를 들어 주셨으면 합니다."

그때 누군가가 소리쳤다.

"하지만 한 나라를 대표하는 총리에게 언어장애가 있다는 것은 치명적인 결점입니다."

그러자 크레티앙은 어눌하지만 단호한 목소리로 말했습니다.

"나는 말은 잘 못하지만 거짓말은 안 합니다."

그는 1963년 스물아홉 살로 하원의원에 당선된 뒤 40여 년 동안 정치해 오면서 자신의 신체장애와 그로 인한 고통을 솔직히 시인함으로써 오히려 국민들의 지지를 받았다. '말은 잘 못하지만 거짓말은 안 한다'는 그의 정직함과 성실함이 자신의 불리한 조건을 이겨낸 힘이었다.

107
차장의 실수

어떤 기차의 차장이 승객의 표를 조사하고 있었습니다.

"당신은 기차를 잘못 타셨습니다. 다음 역에서 내려서 갈아타십시오."

그 차장이 차표 검사를 해 나갈수록 잘못 탄 손님이 점점 늘어갔습니다.

차안이 온통 수라장이 되었을 때 손님 한 사람이 차장에게 "차장님, 실례지만 혹시 차장님께서 기차를 잘못 타신 것 아닙니까?"하고 정중히 물었습니다.

그런데 알고 보니 차장 자신이 기차를 바꿔 탄 것입니다.

108
표현방식의 차이

사이가 별로 좋지 않은 아버지와 아들이 있었습니다. 보다 못한 어머니가 도시에서 가장 지혜가 뛰어난 사람을 찾아가서 남편과 아들의 사이를 좋게 해 달라고 부탁했습니다. 현자는 아들을 만나 아버지에게 가장 불만스러운 점을 물었습니다.

"저는 아버지께서 머리를 쥐어박으실 때가 가장 싫어요. 저를 어린 아이로 생각하시는 것 같아요."

현자는 아버지를 찾아가 아들에게 사랑을 가장 잘 표현한 일을 물었습니다.

"표현하기가 영 쑥스러워서 사랑한다는 말 대신 아들의 머리를 살짝 쥐어박곤 하죠."

현자는 두 사람에게 그 사실을 알려 주며 서로의 손을 잡아 주었습니다.

"사랑을 표현하는 방식이 다를 뿐 두 사람은 서로를 깊이 사랑하고 있었습니다. 이제 필요한 것은 하나입니다. 상대방의 눈높이에서 바라볼 수 있는 '이해'라는 안경을 끼는 일입니다."

109
아이의 눈으로 본 세상

크리스마스가 얼마 남지 않은 날, 엄마는 물건을 사기 위해 다섯 살 난 아이 손을 잡고 시내로 나갔다. 온통 불빛으로 반짝이는 거리에는 경쾌한 캐럴이 울리고 있었다. 기분이 좋아진 엄마는 흥얼흥얼 콧노래를 부르며 천천히 걸었다. 상점에는 장난감이 가득 쌓여 있었다. 엄마는 아이가 그것을 보는 것만으로도 굉장히 좋아할 것이라고 생각했다.

어느 상점 앞에 다다랐을 때 산타클로스 복장을 한 할아버지가 선물 꾸러미를 들고 진짜 산타 할아버지처럼 웃음을 터뜨리고 있었다. 엄마는 아이 손을 잡아끌었다. 그런데 아이는 엄마의 옷자락에 매달려 뒤로 숨으려고만 하는 것이었다.

"왜 그러니? 저기 산타할아버지께 가자. 응?"

아이는 울먹거리기까지 했다. 엄마는 왜 그런지 좀처럼 이해가 가지 않았다. 아이를 물끄러미 내려다보던 엄마는 아이 신발의 끈이 풀어진 것을 보게 되었다.

"이런 끈이 풀어졌구나, 엄마가 매 줄게."

엄마는 길가에 쭈그리고 앉아 아이의 구두끈을 다시 매어 주었다. 그리고는 무심코 고개를 들었는데 그 거리에는 아무 것도 없었다. 장난감이 가득 쌓인 상점도 보이지 않았고, 화려한 불빛도, 멋진 장식도 보이지 않았다. 눈에 들어오는 것은 어둠 속에 서로 밀치고 지나가는 굵은 다리와 커다란 엉덩이뿐이었다. 아이의 눈높이로 본 세상은 너무나 삭막한 광경이었다.

엄마는 그때서야 비로소 아이의 눈으로 세상을 보게 되었다. 엄마는 너무나 놀란 나머지 아이를 번쩍 안고 집으로 돌아왔다. 다시는 자기의 기준으로 아이에게 즐거움을 강요하지 않겠다고 다짐하면서.

110
보비의 동상

    영국의 에든버러 시에 보비라는 개가 있었다. 그 개는 주인이 죽어 땅에 묻히자 14년 동안이나 주인의 곁을 떠나지 않고 주인의 묘를 지켰다. 보비는 주인과 함께 다니던 인근 카페에서 사람들이 먹다버린 빵으로 끼니를 때우며, 엄동설한에도 주인의 묘를 떠나지 않았다.

    그러다 14년이 지난 아주 추운 겨울날, 자신의 머리를 주인의 묘비에 기댄 채 꽁꽁 얼어서 죽고 말았다. 사람들은 주인을 잊지 못해 14년 동안이나 주인의 묘를 비킨 보비를, 주인과 나란히 묻어주었고, 그 근처에 보비의 동상도 함께 새워 주었다.

    지금 그곳은 유명한 관광지가 되었다. 각박한 세상 속에서 사람도 아닌 개의 한결같은 사랑 이야기가 많은 사람들에게 깊은 감동을 주었을 것은 너무나도 당연한 일이다. 하지만 보비가 그토록 오랜 세월을 한마음으로 주인을 지킨 것은, 보비에 대한 주인의 사랑이 그 만큼 컸기 때문이었을 것이다.

PART

12

겸　손

루즈벨트와 메추라기

데오도어 루즈벨트 대통령은 매우 위대한 대통령으로 기억되고 있다. 심지어는 백악관의 비서와 시종들조차 그를 사랑했다. 어느 날 백안관의 시종인 제임스 아모스의 아내가 우연히 대통령과 대화를 하다가 자기는 메추라기를 한 번도 본적이 없다고 말했다. 그러자 루즈벨트 대통령은 그녀를 위하여 메추라기에 대해 아주 자세히 설명을 해주었다.

어느 날 밤이 깊어 갈 무렵 시종인 제임스 아모스의 집(백악관 내)으로 전화가 왔다. 대통령의 긴급한 전화임을 안 그는 매우 긴장하여 급하게 전화를 받았다.

"아. 자넨가. 지금 백악관 뒤편 정원에 메추라기가 앉아 있으니 어서 부인과 함께 나가보게. 아 글쎄 자네 부인이 메추라기를 본 적이 없다고 하지 않는가."

그리고는 전화를 끊었다. 시간이 흘러 루즈벨트 대통령이 대통령직에서 물러나고 민간인의 자격으로 백악관을 들른 적이 있었다. 백악관 뜰을 거닐며 정원사와 청소부와 마주칠 때마다 그는 옛날에 데리고 있던 그들의 이름을 부르며 반가워했다.

"어이 애니, 잘 있었나?"

특히 주방 하녀인 앨리스를 만났을 때, 그녀에게 물었다.

"앨리스, 아직도 옥수수 빵을 만드는가?"

그러자 그녀는 하인들을 위해서만 만들지, 요즘 윗분들은 드시지 않는다고 말했다.

"아니 이런. 그 사람들은 진짜 맛을 모르는 군. 내가 테프트 대통령을 만나면 말해 주지. 그리고 자네가 만든 옥수수 빵이 있으면 몇 개 주겠나. 앨리스?"

그리고는 그 빵을 받아들고는 천천히 뜯어 먹으며 말하였다.

"앨리스. 난 자네가 이 세상에서 가장 빵을 맛있게 만든다고 생각하네. 수고하게."

앨리스는 눈물을 흘리며 그 노신사를 바라보고 있었다.

112
섬기는 일

여러 해 전에, 정해진 시각에 어떤 큰 오르간 연주회가 열리게 되어 있었습니다. 그런데 오르간에 펌프질을 할 사람이 그만 병이 들고 말았습니다. 일이 이렇게 되자 한 유명한 작곡가가 자신이 그 펌프질을 하겠노라고 자원했습니다.

왜 그런 보잘 것 없고 천한 일을 하려고 하느냐는 질문을 받은 작곡가는 "음악을 위해서 할 수 있는 일이라면 어떠한 일도 결코 초라하지 않습니다."라고 대답했습니다.

이 이야기처럼 우리가 예수님을 사랑한다면 그를 섬기는 가운데

할 수 있는 어떤 일도 결코 보잘 것 없어 보이지 않을 것입니다. 그의 이름 안에서 행하는 봉사의 일이라면 가장 작고 미미한 일일지라도 모두 즐길 수 있을 것입니다.

113
죄수의 깨달음

옛날 어느 교도소에 교화를 가는 성직자가 계셨습니다. 그분은 많은 죄수들을 선교하는 데 일생을 바치셨죠. 그런데 그 성직자는 죄수들을 매일 찾아가면서도 매일 처음 본 사람처럼 반갑고 따뜻하게 인사를 건네고, 늘 그 사람에 대해 알려고 노력했습니다. 어느 날 사형수 한 명이 물었습니다.

"아니 맨 날 얼굴 보면서 왜 인사는 또 하고, 또 하는 거요? 짜증나게."

그러자 그 성직자가 말했습니다.

"어제 제가 본 당신은 어제의 당신이고, 오늘 본 당신은 완전히 새로운 오늘의 당신입니다. 하루하루 변화하는 당신이 반가워서 매일 새로운 마음으로 인사를 하는 겁니다."

이 말에 감명을 받은 죄수는 크게 깨달음을 얻었다고 합니다.

알렉산더 대왕의 유언

알렉산더 대왕의 병세가 날이 갈수록 심해지자 왕실은 깊은 시름에 빠졌다. 그의 병을 고치기 위해 이름난 명의들이 수없이 왔다 갔지만 아무런 차도가 없었기 때문이다. 하지만 허둥대는 주변 사람들과는 달리 알렉산더 대왕은 오히려 침착했다. 그의 얼굴에 병색이 짙었지만 타고난 정신력으로 조금씩 자신의 주변을 정리하면서 죽음을 준비하는 듯했다. 신하들이 자리에 누워 휴식을 취할 것을 권하면 그는 이렇게 대답하곤 했다.

"내 걱정은 하지 말게. 사람이란 죽으면 잠을 자게 되는 법, 살아 눈 뜨고 있는 이 순간 어찌 잠잘 수 있겠는가. 얼마 남지 않은 귀중한 시간을 가장 충실히 보내리라."

그러던 알렉산더 대왕도 병이 점점 더 깊어지자 자리에 앉아 있을 힘조차 없게 되었다. 왕실에서는 이미 병색이 짙은 그를 포기한 상태라, '그의 마지막 유언이 무엇일까' 하고 궁금해 하였다. 하지만 사경을 헤매면서도 알렉산더 대왕은 좀처럼 유언을 하지 않았다. 그러던 어느 날 마침내 알렉산더 대왕은 모든 사람들을 불러 모았다. 그리고 힘겹게 입을 열어 띄엄띄엄 말했다.

"내가 죽거든 묻을 때 손을 밖에 내놓아 남들이 볼 수 있도록 하시오."

이제나저제나 하면서 초조하게 그의 유언을 기다리던 신하들은 모두 놀랐다. 부와 권력을 한손에 쥐었던 왕의 유언으로는 적절하지 않다고 생각했기 때문이다. 그러자 알렉산더 대왕은 이렇게 말했다.

"나는 단지 세상 사람들에게 천하를 쥐었던 알렉산더도 떠날 때는 빈손으로 간다는 것을 보여 주고자 하는 것뿐이오."

115
링컨과 구두

어느 날 링컨 대통령이 백악관에서 자신의 구두를 열심히 닦고 있었다. 이를 우연히 본 친구가 깜짝 놀라면서 말했다.

"아니. 대통령이 자기 신발을 닦다니 말이 됩니까?"

이 말을 들은 링컨 대통령은 깜짝 놀라면서 되물었다.

"아니 그럼. 미국 대통령은 남의 신발도 닦아야 됩니까?"

116
마음을 다스리는 법

너무나 괴로운 사람이 있었다. 스승님께 찾아갔다.

"스승님 이 마음을 어찌해야 합니까?"

12. 겸손

"물 한 바가지와 소금 한줌을 가져오너라. 타서 마셔 보거라. 그리고 소금을 들고 따라오너라."

스승님은 그를 데리고 큰 호수로 갔다.

"그 소금을 호수에 뿌려라. 그리고 마셔보아라. 이제 알겠느냐? 너를 고통스럽게 하는 것은 그 사람이 아니라 너의 마음이니라. 호수같은 넓은 마음으로 모두를 수용할 때 너의 마음은 이 호수같이 평안을 되찾을 것이다."

117
작은 친절

폭풍우가 몰아치는 어느 날 밤이었다. 한 노부부가 묵을 곳을 찾아 작은 호텔에 들어갔다. 그 호텔 사무원은 겸손한 어투로 방이 다 찼다는 말과 함께 그 도시의 모든 호텔이 만원이라고 알려줬다. 그리고는 덧붙여서 "이 빗속에 그냥 돌려보낼 수 없으니 괜찮으시다면 제가 쓰는 방에라도 묵고 가시죠." 라고 했다.

노부부도 처음엔 사양했지만 그 사무원의 친절에 감동받아 하룻밤을 잘 쉬었다. 다음날 아침 계산을 하면서 "당신은 미국 전역에서 제일 좋은 호텔을 관리할 사람이군요." 라는 말을 남기고 떠났다.

몇 년 후 그 사무원은 노부부의 초청을 받아 뉴욕으로 갔다. 그 노인은 맨해튼 중심가로 그를 데리고 간 뒤, "이것이 바로 당신에게 관리를 맡길 호텔이오." 라고 말했다.

그 호텔은 월도프 아스토리아 호텔이었고, 노인은 바로 호텔 주인인 윌리엄 월도프 아스토였다. 친절을 베푼 사무원은 조지 볼트로 이 호텔의 첫 지배인이 됐다. 작은 친절이 큰 축복으로 찾아온 것이다.

<h1 style="text-align:center">118
머리의 중요성</h1>

옛날 어느 나라에 자비롭고 인자한 왕이 있었다. 그는 누구를 만나든지 간에 먼저 공손히 머리를 숙여 인사를 했다. 그러한 모습을 보고서 하루는 신하 가운데 한 사람이 참다못해 왕에게 이렇게 말했다.

"폐하, 사람의 몸 가운데 가장 귀한 것이 머리입니다. 그리고 나라에서 가장 귀한 분은 폐하시옵니다. 그런데 어찌하여 폐하께서는 머리를 함부로 숙이시어 스스로 자기를 낮추시나이까?"

왕은 아무런 대답도 하지 않았다. 그로부터 며칠이 지났다. 왕은 그 신하를 불렀다. 왕은 그에게 고양이의 머리와 말의 머리와 사람의 해골을 주면서 이렇게 명령했다.

"자네는 이것들을 시장에 들고 나가서 다 팔아 오게나."

신하는 그것들을 들고서 시장으로 나갔다. 한 사람이 고양이의 머리를 문에 매달아 놓으면 쥐가 없어진다면서 고양이의 머리를 사 갔다. 또 한 사람은 말머리를 문에 매달아 놓으면 병이 낫는다고 하면서 말머리를 사갔다. 하지만 사람의 해골은 아무도 사 가는 사람이 없었다. 결국 신하는 해골을 들고 왕궁으로 돌아왔다. 그 모습을 보면서 왕은 그에게 이렇게 말했다.

"그래, 사람의 머리가 그토록 귀하다더니, 왜 귀한 것을 팔지 못하고 도로 가져 왔느냐? 사람의 머리가 귀하다 함은 선을 행하고 겸손하게 예의를 지킴으로 귀하다는 것이 아니겠느냐? 내가 모든 사람에게 인사하는 것은 내 머리로 하여금 참으로 존귀하게 하려 함이니라."

이 말에 모든 신하들은 감복하지 않을 수 없었다. 그들은 왕을 본받아서 겸손한 마음으로 백성들을 잘 보살폈다. 그래서 나라는 더욱 평화로웠다.

119
섣부른 판단

미국에는 훌륭한 인재들을 길러낸 우수한 대학들이 많다. 그 중에서도 몇 손가락 안에 드는 명문대학인 스탠포드 대학이 창립되게 된 동기 중에 이런 실화가 있다고 한다.

미국의 어느 도시에 돈 많은 부부가 살고 있었다. 이들에게는 슬하에 자식이 없어 긴 여생을 조금은 쓸쓸하게 보냈다. 그렇게 외롭게 보내다가 생의 말년을 의식한 이 노부부는 그 많은 재산을 물려줄 자식도 없고 해서 뭔가 뜻 깊고 유익한 일에 쓰고 싶었다. 그러다가 그들은 전 재산을 교육 사업에 헌납하자는 의견의 일치를 보았다.

다음 날 이 부부는 미국의 명문, 하버드 대학을 방문했다. 정문을 막 들어서려는데 허름한 옷차림의 두 노인을 본 정문 수위가 그들을 불러 세웠다. 그리고는 아주 불친절하게 물었다.

"어딜 들어가십니까? 누구를 만나러 오셨지요?"

"총장님을 좀 뵈러 왔는데요."

"그래요? 그런데 어떡하지요? 총장님께서는 오늘 굉장히 바쁘십니다. 그래서 댁들 같은 사람은 만날 시간이 없을 겁니다. 그러니 들어가 기다리시든지 돌아가시든지 마음대로 하시지요."

수위는 아주 경멸하는 태도로 그들을 무시하고는 수위실로 들어가려고 하였다. 수위에게 업신여김을 받아 불쾌했지만 노부부는 마지막으로 수위에게 한 마디 더 물었다.

"이런 대학교 하나 설립하려면 돈이 얼마나 듭니까?"

이 말을 들은 수위는 어이가 없다는 표정으로, "내가 그걸 어떻게 압니까? 당신 같은 사람들이 그건 또 왜 묻습니까? 더 이상 귀찮게 하지 마시고 다른 곳으로 가 보세요."하며 들은 척도 하지 않고 수위실로 들어가 버렸다.

마음에 상처를 받은 노부부는 직접 학교를 짓기로 결심하고 여러모로 알아본 뒤 계획을 세웠다. 그들이 가진 전 재산을 투자하여 설립한 대학이 바로 지금 미국에서 제일가는 대학들 중의 하나인 스탠포드 대학이다.

한편 이런 사실을 뒤늦게 알게 된 하버드 대학에서는 커다란 실수

12. 겸손

를 반성하며 아쉬워했다. 그 후부터 하버드 대학 정문에는 이런 글이 붙어 있게 되었다.

"사람을 외모로 판단하지 말라"

120
겸손의 미덕

오나라 왕이 강을 건너 원숭이들이 사는 산으로 올라갔습니다. 모든 원숭이들은 오나라 왕을 보고 달아났지만 오직 한 마리의 원숭이만 달아나지 않았습니다. 그 원숭이는 이리 뛰고 저리 뛰면서 물건을 던지기도 하고 갖은 기교를 다 부리고 있었습니다.

오나라 왕은 이상히 여겨 그 원숭이를 향해 화살을 쏘았습니다. 원숭이는 재빨리 그 화살을 잡았습니다. 그러자 오나라 왕은 신하들에게 계속 화살을 쏘게 하였습니다. 화살이 빗발처럼 날아갔고 그 원숭이는 마침내 화살을 손에 쥔 채 화살에 맞아 죽었습니다. 이때 오나라 왕은 자신의 친구 안불의를 보며 말했습니다.

"이 원숭이는 자신의 재주를 자랑하다가, 또 자기의 재빠름을 믿고 까불다가 이렇게 죽게 된 것이네. 그러니 자네도 조심하게. 건방진 얼굴로 남에게 교만하게 굴지 말란 말일세."

그 뒤로 안불의는 교만을 버리고 겸손을 수행하였고, 그 후 모든 사람들이 그를 칭송하였다고 합니다.

　겸손. 이것은 신앙인의 모든 미덕이 담겨지는 바구니라는 말이 있습니다. 설령 주님으로로부터 어떤 은총을 받고 깊은 체험을 하고 능력을 발휘한다고 하더라도 겸손을 바탕으로 하지 않는다면 곧 사탄의 유혹에 걸리고 말 것입니다.

PART
13
우 정

소년의 헌혈

1970년 월남전이 한창이던 어느 날 미국인 선교사들이 운영하는 한 고아원에 포탄이 떨어졌다. 이웃 마을 사람들이 달려가 보니 이미 목숨을 잃은 선교사들 틈에 부상당한 아이들이 피를 흘리고 있었다.

미국인으로 구성된 의료진들이 아이들을 열심히 치료했으나 구급약과 의료시설은 턱없이 부족했다. 특히 피를 너무 많이 흘린 한 소녀에게 곧 수혈을 해야 했지만 보관된 혈액이 없었기 때문에 의사들과 간호사는 급한 나머지 각자의 피를 수혈하려고 했다. 그러나 소녀와 같은 혈액형을 가진 사람은 한 사람도 없었다.

궁리 끝에 한 의사가 건강한 아이들을 한자리에 모이게 한 후 어설픈 월남어로 헌혈할 사람은 손을 들라고 했다. 그러나 손을 드는 아이는 아무도 없었다. 하는 수 없이 의사가 강당에서 내려오려 할 때였다. 한 소년이 슬며시 손을 들었다. 다행히 소년은 소녀와 같은 혈액형이었다.

잠시 후 소년은 수혈을 받아야 할 소녀와 나란히 누웠다. 간호원이 소년의 팔에 주사 바늘을 꽂았을 때 소년의 눈가에선 눈물이 흘렀다. 소년은 피를 뽑는 동안 간간이 흐느끼기도 하였다. 이상하게 여긴 간호사와 의사들이 '왜 그러느냐고 이유를 물었지만 소년은 말을 못 알아듣는 것 같았다. 이내 소년은 큰 소리로 울기 시작했다. 놀란 간호사가 영어를 할 줄 아는 월남인을 마을에서 데려왔다. 월남인은 소년과 몇 마디를 주고받더니 의료진을 향해 웃으며 이렇게 말했다.

"소년은 아마도 소녀에게 전부 피를 뽑아 주어야 한다고 생각했나 봅니다. 헌혈을 하면 곧 죽는다고 생각한 거죠. 그래서 울음을 터뜨렸어요."

그러자 한 의사가 서툰 월남어로 소년에게 '죽을 줄 알면서 왜 손을 들었느냐고 물었다. 소년이 소녀를 쳐다보며 말했다.

"애는 내 친구니까요."

122

5. Best Friend

Believe 항상 서로 믿고

Enjoy 같이 즐길 수 있고

Smile 바라만 보아도 웃을 수 있고

Thank 서로에게 감사하며

Feel 말하지 않아도 느낄 수 있고

Respect 서로를 존경하며

Idea 떨어져 있어도 생각하고

Excuse 서로의 잘못을 용서하고

Need 서로를 필요로 하고

Develop 서로의 감정을 개발하는 것.

오해와 자존심

　사소한 오해 때문에 오랜 친구와 연락이 끊긴 한 사나이가 있었다. 그는 자존심 때문에 전화를 하지 않고 있긴 했지만 친구와의 사이에 별 문제가 없으리라 생각하고 있었다. 어느 날 그는 다른 한 친구를 찾아갔다. 그들은 자연스럽게 우정에 대해 이야기를 나누게 되었다. 창밖으로 보이는 언덕 위를 가리키며 그 친구가 말을 꺼냈다.

　"저기 빨간 지붕을 얹은 집 옆에는 헛간으로 쓰이는 꽤 큰 건물이 하나 있었지. 매우 견고한 건물이었는데 건물 주인이 떠나고 얼마 지나지 않아 허물어지고 말았어. 아무도 돌보지 않았으니까. 지붕을 고치지 않으니 빗물이 처마 밑으로 스며들어 기둥과 대들보 안쪽으로 흘러들었다네. 그러던 어느 날 폭풍우가 불어와 조금씩 흔들리기 시작했지. 삐걱거리는 소리가 한동안 나더니 마침내 와르르 무너져 내렸다네. 헛간은 졸지에 나무더미가 된 거야. 나중에 그곳에 가보니 무너진 나무들이 제법 튼튼하고 좋은 것들이었지. 하지만 나무와 나무를 이어주는 나무못의 이음새에 빗물이 조금씩 스며들어 나무못이 썩어버리게 되어 결국 허물어지고 만 것이지."

　두 사람은 언덕을 내려다보았다. 거기엔 잡초만 무성할 뿐 훌륭한 헛간이 있었다는 흔적은 남아있지 않았다.

　"여보게 친구, 인간관계도 물이 새는지 돌봐야 하는 헛간 지붕처럼 자주 손 봐 주어야 하네. 편지를 쓰지 않거나, 전화를 하지 않거나,

고맙다는 인사를 저버리거나, 잘못을 해결하지 않고 그냥 지낸다거나, 하는 것들은 모두 나무못에 스며드는 빗물처럼 이음새를 약화시킨다는 말일세. 그 헛간은 좋은 헛간이었지. 아주 조금만 노력했으면 지금도 저 언덕에 훌륭하게 서 있었을 것이네."

그는 친구의 마지막 말을 가슴에 새기며 집으로 돌아가는 발걸음을 재촉했다. 옛 친구에게 전화를 걸기 위해서.

124
외롭지 않은 죽음

데니스와 켄은 아주 가까운 친구입니다. 그들은 월남전이 한창이던 때에 함께 참전했습니다. 어느 날 그들이 속한 소대가 적의 공격을 받고 위험에 처했습니다. 그래서 소대장은 후퇴를 명령했습니다. 그런데 켄이 그만 다리에 총을 맞고 쓰러지고 말았습니다.

그때 데니스는 "제가 가서 켄을 구해오겠습니다." 라고 소대장에게 말했습니다. 그런데 소대장은 "총알이 비오듯 날아 오는데 어딜 가겠단 말인가? 난 자네까지 잃고 싶지 않네. 그만두게." 하며 데니스를 말렸습니다. 그러나 데니스는 끝내 켄을 구하러 갔습니다. 데니스가 켄을 끌고 오다가 그만 또 한발의 총을 맞고 켄이 죽고 말았습니다. 그리고 데니스도 부상을 당했습니다.

"그것 보게, 내가 뭐라고 했나? 켄은 죽고, 자네까지 부상당하지 않왔나?"

소대장은 데니스를 질책했습니다.

"하지만 전 한 가지 얻은 것이 있습니다. 제가 켄에게 갔을 때 켄이 저에게 웃으면서 말했습니다. 데니스, 난 네가 올 줄 알았어, 라고..."

이렇게 말하는 데니스의 눈에는 눈물이 고여 있었습니다.

125
파란 도깨비의 우정

빨간 도깨비가 있었습니다. 도깨비하면 무섭고 나쁜 짓을 많이 해서 사람들이 모두들 싫어하지만 빨간 도깨비는 너무너무 착한 도깨비였습니다. 빨간 도깨비는 사람들로부터 미움 받는 것이 너무너무 싫어서 인간들의 사랑과 정을 느끼고 싶었습니다. 그렇지만 그냥 도깨비도 아닌 빨간 도깨비를 사람들이 좋아할 리가 없었습니다.

그래서 빨간 도깨비는 문 앞에다 "쉬었다 가세요! 따뜻한 차와 맛있는 음료를 대접하겠습니다." 라는 안내문을 만들었습니다.

어느 날 한 나무꾼이 밤늦게 길을 잃고 헤매던 중 빨간 도깨비 집에 머물게 되었습니다. 처음에는 무서운 생각도 있었지만, 빨간 도깨비의 친절에 감동을 받았습니다. 그리고 도깨비에 대한 고정관념도 깰 수 있었습니다.

그 후 나무꾼은 친구들에게 빨간 도깨비에 대한 얘기를 해주며 그 곳에 한번 놀러가자고 제의를 했습니다. 그러나 친구들은 문 앞까지만 갈 뿐. 실제로 빨간 도깨비를 믿을 수가 없었습니다. 빨간 도깨비는 사람들이 모두 자리를 피하려 하고 친해질 수 없는 것이 너무너무 속상했습니다.

시무룩해하고 있던 어느 날. 친구인 파란 도깨비가 놀러 왔습니다. 빨간 도깨비의 속사정을 들은 파란 도깨비는 빨간 도깨비를 돕기 위해서 계획을 세웠습니다. 파란 도깨비는 사람들이 많이 살고 있는 마을에 가서 온 동네를 엉망진창으로 만들어 놓았습니다. 마구 부수고, 어지럽히고. 파란 도깨비는 빨간 도깨비에게 때리라고 했습니다. 나쁜 짓을 하는 자기를 때리면 자연 빨간 도깨비는 착한 도깨비라는 걸 동네사람들에게 알릴 수 있을 것이라고 생각했기 때문이지요.

빨간 도깨비는 친구를 때릴 수가 없어서 시늉만 했습니다. 그러나 파란 도깨비는 "정말로 때리지 않으면 사람들과 친해질 수가 없어 빨리 때리란 말이야." 라고 말했습니다. 빨간 도깨비는 파란 도깨비를 죽도록 때리면서 사람들에게 행패부리는 일을 말렸습니다. 사람들은 빨간 도깨비를 너무너무 좋아하게 되었습니다. 그렇지만 빨간 도깨비는 마음이 아팠습니다. 그래서 문 앞에다 "죄송합니다. 오늘은 따뜻한 차와 음식을 대접할 수 없게 되었습니다." 라고 휴무안내장을 표시한 후 파란도깨비 집에 갔습니다. 그렇지만 편지 한 통만 있을 뿐 파란 도깨비는 없었습니다. 편지에는 다음과 같이 적혀 있었습니다.

"다시는 나를 찾아 오지마라. 너와 내가 친구 사이인줄 알면 사람들이 너를 또다시 싫어하게 되고, 우리를 오해하게 될 테니까. 난 몸이 좀 아파서 쉬어야겠어."

126
작은 관심

마크는 어느 날 학교 수업을 끝내고 집으로 돌아오는 길에, 앞서가던 한 소년이 발을 헛디뎌 넘어지는 것을 목격하게 되었다. 그 바람에 소년이 들고 있던 책이며 두 벌의 스웨터, 야구 글러브와 방망이, 작은 카세트 녹음기가 길바닥에 흩어졌다. 마크는 달려가서 무릎을 꿇고 소년의 흩어진 물건들을 줍는 것을 도와주었다. 집으로 가는 방향이 같았기 때문에 마크는 소년의 짐을 나눠 들었다. 소년과 함께 걸어가면서 마크는 소년의 이름이 빌이라는 것을 알았다. 또한 그가 비디오 게임과 야구와 역사 과목을 좋아하며, 다른 과목들은 점수가 형편없다는 것과, 얼마 전에 여자 친구와 헤어졌다는 사실도 알게 되었다.

두 사람은 먼저 빌의 집에 들렀다. 마크는 콜라를 대접받고 빌과 함께 텔레비전을 시청했다. 잠깐씩 대화를 나누기도 하고 웃기도 하면서 오후 시간을 즐겁게 보낸 뒤 마크는 집으로 돌아왔다.

그 후 그들은 학교에서 곧잘 마주쳤으며, 이따금 점심을 함께 먹기도 했다. 중학교를 졸업한 두 사람은 같은 고등학교에 진학했고, 그 후에도 몇 차례 만남을 가졌다. 마침내 고등학교를 졸업할 무렵이 되었을 때, 졸업을 3주일 앞둔 어느 날 빌이 마크에게 연락해 만났다. 빌은 여러 해 전 그들이 처음 만났던 때를 상기하면서 마크에게 다음과 같은 이야기를 하였다.

"그날 내가 왜 그 많은 물건들을 집으로 가지고 갔는지 넌 궁금하지 않았니? 그때 나는 내 사물함에 있는 물건들을 전부 갖고 왔던 거야. 내 잡동사니들을 다른 사람들에게 남겨두고 싶지 않았거든. 난 어머니가 복용하는 수면제를 훔쳐 한 움큼 모아놓고, 그날 집으로 돌아가 자살을 할 결심이었어. 그런데 너와 함께 웃고 이야기하는 사이에 나는, 만약 자살을 했다면 이런 순간을 갖지 못했을 것이고 앞으로도 다른 순간들을 갖지 못할 것이라는 생각이 들었어. 마크, 네가 그날 길바닥에 떨어진 내 책들을 주어주었을 때 넌 실로 큰일을 한 거야. 넌 내 생명을 구했어."

<h1 style="text-align:center">127
아름다운 우정</h1>

인디아나 주의 작은 마을에서 일어난 일이 신문에 실렸다.

15세의 소년이 뇌종양으로 고통 받고 있었다. 소년은 계속해서 방사능 치료와 화학요법을 받았다. 그 결과 소년의 머리카락이 모두 빠지고 말았다.

이때 소년의 같은 반 친구들이 자발적으로 그를 돕기 위해 나섰다.

모든 학생들은 자기들도 삭발을 하게 해 달라고 자신들의 부모에게
부탁했다. 뇌종양을 앓고 있는 소년만이 학교 전체에서 유일하게 머
리카락이 없는 학생이 되지 않도록 하기 위해서였다.

신문에는 가족들이 자랑스럽게 지켜보고 있는 가운데 아들의 머리
를 삭발하고 있는 어머니의 사진이 실려 있었다. 그리고 그의 뒤로는
똑같은 모습으로 삭발을 한 수많은 학생들이 서 있었다.

128
친구의 정의

영국에 있는 한 출판사에서 상금을 내걸고 "친구"라는 말의 정의를
독자들에게 공모한 적이 있었다. 수천이나 되는 응모엽서 중 다음 것
들이 선발되었다.

'기쁨은 곱해 주고 고통은 나눠 갖는 사람.'

'우리의 침묵을 이해하는 사람.'

'많은 동정이 쌓여서 옷을 입고 있는 것.'

'언제나 정확한 시간을 가리키고 절대로 멈추지 않은 시계.'

하지만 1등은 다음의 글이었다.

'친구란 온 세상이 다 내 곁을 떠났을 때 나를 찾아오는 사람이다.'

진정한 승리자

링컨에게는 에드윈 스탠턴이라는 정적이 있었다. 스탠턴은 당시 가장 유명한 변호사였는데 한 번은 두 사람이 함께 사건을 맡게 된 적이 있었다. 이 사실을 모르고 법정에 앉아 있던 스탠턴은 링컨을 보자마자 자리에서 벌떡 일어나 "저 따위 시골뜨기와 어떻게 같이 일을 하라는 겁니까?"라며 나가 버렸다. 이렇게 링컨을 얕잡아 보고 무례하게 행동한 적이 한두 번이 아니었다.

세월이 흘러, 대통령이 된 링컨은 내각을 구성하면서 가장 중요한 국방부 장관 자리에 바로 스탠턴을 임명했다. 참모들은 이런 링컨의 결정에 놀랐다. 왜냐하면 링컨이 대통령에 당선되자 스탠턴은 "링컨이 대통령이 된 것은 국가적 재난" 이라고 공격했기 때문이다.

모든 참모들이 재고를 건의하자 링컨은 "나를 수백 번 무시한들 어떻습니까? 그는 사명감이 투철한 사람으로 국방부 장관을 하기에 충분합니다."라고 했다.

"그래도 스탠턴은 당신의 원수가 아닙니까? 원수를 없애 버려야지요!"

참모들의 말에 링컨은 빙그레 웃으며 말했다.

"저도 그렇게 생각합니다. 원수는 마음속에서 없애 버려야지요! 그러나 그것은 '원수를 사랑으로 녹여 친구로 만들라'는 말입니다. 예수님도 원수를 사랑하라고 하셨습니다."

링컨이 암살자의 총에 맞아 숨을 거두었을 때 스탠턴은 링컨을 부둥켜안고 통곡하며 이렇게 말했다고 한다.

"여기, 가장 위대한 사람이 누워 있습니다."

결국 링컨은 자기를 미워했던 원수까지도 용서하고 사랑한 진정한 승리자였던 것입니다.

130
좋은 벗

누군가가 현명한 사람에게 여쭈었다.

"어떤 사람이 객지에서 가장 좋은 벗입니까?"

"먼 길을 가는 사람에게 친절히 길을 안내해 주는 사람이다."

"집안에서 가장 좋은 벗은 누구입니까?"

"정숙하고 어진 아내는 집안에서 가장 좋은 벗이다."

"세상을 살아가는데 가장 좋은 벗은 누구입니까?"

"서로 화목하게 지내는 친척이니라."

"그렇다면 미래의 가장 좋은 벗은 누구입니까?"

"평소에 닦은 선행이 미래의 가장 좋은 벗이니라."

14

기 도

고통 받는 사람들을 위하여

나는 신에게 나를 강하게 만들어 달라고 부탁했다. 모든 일에 성공할 수 있도록.

그러나 신은 나를 약하게 만들었다. 겸허함을 배우도록.

나는 건강을 부탁했다. 많은 일을 할 수 있도록.

그러나 나는 허약함을 선물 받았다. 더 가치 있는 일을 할 수 있도록.

나는 부유함을 원했다. 행복할 수 있도록.

그러나 나는 가난함을 받았다. 지혜를 가질 수 있도록.

나는 뛰어난 능력을 달라고 부탁했다. 사람들의 찬사를 받을 수 있도록.

그러나 나는 열등함을 선물 받았다. 신의 필요성을 느낄 수 있도록

나는 내가 부탁 한 것들을 하나도 받지 못했지만 나에게 필요한 모든 것을 선물 받았다.

나는 하찮은 존재임에도 불구하고, 신은 내 무언의 기도를 다 들어 주셨다.

나는 모든 사람들 가운데서 가장 축복받은 자이다.

누군가의 다짐

오늘 하루만은 함께 일하는 사람들에게 최대한 친절해야지. 직장 생활을 계속하는 것이 그들 덕분이라는 생각으로 그들을 대해야지.

오늘 하루만은 남을 헐뜯지 말아야지. 어떤 상황에서나 다른 사람의 좋은 점을 보도록 애쓰고, 함께 일하는 모든 사람들에게 칭찬할만한 점을 찾아보려고 노력해야지.

오늘 하루만은 남을 나무랄 때 마치 내 잘못을 나무라는 것처럼 자제력과 유머를 가지고 기분 좋게 대해야지.

오늘 하루만은 내가 하는 일에 모두 완벽해야 한다고 고집하지 말아야지. 무슨 일이든 빨리 해서 신기록을 수립하려는 생각을 버려야지. 나에게 주어진 일을 억지로가 아니라 내 능력에 맞게 해나가려고 노력해야지.

오늘 하루만은 내가 적성에 꼭 맞는 일을 하고 있다고 생각해야지. 내가 직책과 봉급에 걸맞은 일을 하고 있지 않다는 생각을 버려야지.

오늘 하루만은 내가 살고 있는 이 사회와 시대에 감사해야지. 그리고 나를 강제로 일시키는 사람이 없는 자유로운 나라에서 일하고 있다는 것을 고맙게 생각해야지.

오늘 하루만은 직장에서 건강하게 일하고 있는 것을 행복하게 생각해야지. 병원의 수술대기실에 있지 않는 것이 참 다행한 일이라고 생각해야지.

133
마더 테레사 수녀의 소망

사람들은 불합리하고 비논리적이고 자기중심적이다. 그래도 사랑하라.

당신이 선한 일을 하면 이기적인 동기에서 하는 거라고 비난받을 것이다. 그래도 좋은 일을 하라.

당신이 성실하면 거짓된 친구들과 참된 적을 만날 것이다. 그래도 사랑하라.

당신이 정직하고 솔직하면 상처받을 것이다. 그래도 정직하고 솔직해라.

당신이 여러 해 동안 만든 것이 하룻밤에 무너질지 모른다. 그래도 만들라.

사람들은 도움이 필요하면서도 도와주면 공격할지 모른다. 그래도 도와줘라.

세상에서 가장 좋은 것을 주면 당신은 발길로 차일 것이다. 그래도
가진 것 중에서 가장 좋은 것을 주라.

134
가난한 새의 기도(이해인)

꼭 필요한 만큼만 먹고

필요한 만큼만 둥지를 틀며

욕심을 부리지 않는 새처럼

당신의 하늘을 날게 해주십시오.

가진 것 없어도 맑고 밝은 웃음으로

기쁨의 깃을 치며 오늘을 살게 해주십시오.

예측할 수 없는 위험을 무릅쓰고

먼 길을 떠나는 철새의 당당함으로

텅 빈 하늘을 나는 고독과 자유를 맛보게 해주십시오.

오직 사랑하나로 눈물 속에도 기쁨이 넘쳐날

서원의 삶에 햇살로 넘쳐오는 축복

나의 선택은 가난을 위한 가난이 아니라

사랑을 위한 가난이기에

모든 것 버리고도 넉넉할 수 있음이니
내 삶의 하늘에 떠다니는 흰 구름의 평화여
날마다 새가 되어 새로이 떠나려는 내게
더 이상 무게가 주는 슬픔은 없습니다.

135
소　원

꼬마야 너도 아까 보았겠지만 별똥별이 떨어지는 순간은 짧단다.
그 짧은 순간에 소원을 빌 수 있으려면 어떻게 해야 되겠니?
바로 소원을 항상 가슴 속에 담고 있어야 하는 거야.
　순간순간 생각나는 소원은 소원이 아니라 자신의 부족함을 보상
받으려는 욕심에 불과하단다. 그러니 너도 소원 하나쯤은 항상 가슴
에 품도록 노력해 보렴.

136
친절한 행위

미국 남북 전쟁이 한창일 때 링컨은 종종 부상당한 병사들이 입원

해 있는 병원을 방문했다. 한 번은 의사들이 심한 부상을 입고 거의 죽음 직전에 있는 한 젊은 병사에게 링컨을 안내했다. 링컨은 병사의 침상 곁으로 다가가서 물었다.

"내가 당신을 위해 할 수 있는 일이 뭐 없겠소?"

병사는 링컨을 알아보지 못하는 게 분명했다. 그는 간신히 이렇게 속삭였다.

"저의 어머니에게 편지 한 통만 써 주시겠어요?"

펜과 종이가 준비되었다. 대통령은 정성스럽게 젊은이가 말하는 내용을 적어 내려갔다.

"보고 싶은 어머니, 저는 저의 의무를 다하던 중에 심한 부상을 당했습니다. 아무래도 회복되지 못할 것 같군요. 제가 먼저 떠나더라도 저 때문에 너무 슬퍼하지 마세요. 존과 메리에게도 저 대신 입 맞춰 주시구요. 주께서 어머니와 아버지를 축복해 주시기를 빌겠어요."

병사는 기력이 없어서 더 이상 얘기를 계속할 수가 없었다. 그래서 링컨은 젊은이 대신 편지 말미에 서명을 하고 이렇게 덧붙였다.

"당신의 아들을 위해 에이브라함 링컨이 이 편지를 대필했습니다."

젊은 병사는 그 편지를 자기에게 보여 달라고 부탁했다. 그는 마침내 편지를 대신 써 준 사람이 누구인가를 알고는 깜짝 놀랐다. 병사가 물었다.

"당신이 정말로 대통령이신가요?"

링컨이 조용히 대답했다.

"그렇소. 내가 대통령이오."

그런 다음 링컨은 자신이 할 수 있는 다른 일이 없는가를 그에게 물었다. 병사가 말했다.

"제 손을 잡아 주시겠습니까? 그렇게 하면 편안히 떠날 수 있을 것 같습니다."

조용한 실내에서, 키가 크고 수척한 링컨 대통령은 청년의 손을 잡고 그가 숨을 거둘 때까지 그에게 따뜻한 용기의 말들을 나지막이 들려주며 주님께 계속 기도드렸다.

137
만나고 싶은 사람

매일 만나서 일상을 이야기 하고 싶은 사람이 있고.

일주일에 한 번 만나서 연극을 관람하고 싶은 사람이 있고.
한 달에 한 번을 만나서 음주를 함께하고 싶은 사람이 있고.

계절에 한 번 만나서 여행을 함께 가고 싶은 사람이 있고.

일 년에 한 번 만나서 가치관을 점검하고 싶은 사람이 있고.

십 년에 한 번 만나서 강산의 변화를 느끼고픈 사람이 있고.

삼십 년 후에 한 번 만나서 살아온 발자취를 되돌아보고픈 사람이
있다는데.

138
하얀 손수건

영국의 유명한 고든 장군(Charles George Gorden)에 대한 일화입
니다. 고든 장군은 자신이 홀로 하나님을 만나는 아침 시간을 방해하
는 사람을 어느 누구도 결코 용납하지 않았습니다.

그가 수단을 여행하고 있는 동안 그의 막사밖에는 날마다 한 시간
씩 하얀 손수건이 걸려 있었습니다. 부대 전체가 그 조그마한 표시가
알리는 중요함을 알고 있었으며, 피부색이나 종교를 막론하고 모든
사람이 그것을 신성하게 여기고 존중했습니다. 아무리 긴급한 메시지
라도 내용이 무엇이든, 설사 생사에 관계된 것이더라도 걸려있는 표
시가 내려질 때까지 기다려야만 했습니다.

사람들은 모두 막사 밖의 작고 하얀 손수건을 볼 때마다 고든 장
군이 하나님과 함께 있다는 것을 알았습니다. 그 하얀 손수건이야말
로 두려움을 모르고 헌신적으로 살았던 그의 성자 같은 삶의 비밀이
었습니다. 그는 하나님과 늘 교제했던 사람이었습니다.

139
기도 (구상)

저들은 저들이 하는 바를
모르고 있습니다.

이들도 이들이 하는 바를
모르고 있습니다.

이 눈먼 싸움에서
우리를 건져주소서.

두 이레 강아지 눈만큼이라도
보이게 하소서.

140
장미의 기도 (이해인)

피게 하소서
주여

당신이 주신 땅에
가시덤불 헤치며
피흘리는 당신을
닮게 하소서

태양과 바람
흙과 빗줄기에
고마움 새롭히며
피어나게 하소서

내 뾰족한 가시들이 남에게
큰 아픔 되지 않게 하시며
나를 위한 고뇌 속에
성숙하는 기쁨을
알게 하소서

주여
당신 한 분
믿고
사랑하게 하소서

오직 당신만을 위해
마음 가다듬는

슬기를
깨우치게 하소서

진정
살아 있는 동안은
피흘리게 하소서
죽어서 다시 피는
목숨이게 하소서

PART

15

우 화

달팽이의 사랑

아무도 살지 않는 숲속 구석에 달팽이 한 마리와 예쁜 방울꽃이 살았습니다. 달팽이는 세상에 방울꽃이 존재한다는 것만으로도 기뻤지만, 방울꽃은 그것을 몰랐습니다.

토란 잎사귀 뒤에 숨어서 방울꽃을 보다가 눈길이 마주치면 얼른 숨어버리는 것이 달팽이의 관심이라는 것을 방울꽃은 몰랐습니다.

아침마다 큰 바위 두개를 넘어서 방울꽃 옆으로 와선, "저어, 이슬 한 방울만 마셔도 되나요?" 라고 하는 달팽이의 말이 사랑이라는 것을 방울꽃은 몰랐습니다.

비바람이 몹시 부는 날에 방울꽃 곁의 바위 밑에서 잠 못 들던 것이, 뜨겁게 내리쬐는 햇볕 속에서 자기 몸이 마르도록 방울꽃 옆에서 있던 것이, 달팽이의 사랑이라는 것을 방울꽃은 몰랐습니다.

민들레 꽃씨라도 들을까봐 아무 말 못하는 것이 달팽이의 사랑이라는 것을 방울꽃은 몰랐습니다.

그렇게 세월이 흘렀습니다. 숲에는 노란 날개를 가진 나비가 날아왔습니다. 방울꽃은 나비의 노란 날개를 좋아했고, 나비는 방울꽃의 하얀 꽃잎을 좋아했습니다.

달팽이에게 이슬을 주던 방울꽃이 나비에게 꿀을 주었을 때에도, 달팽이는 방울꽃이 즐거워하는 것만으로 행복해 했습니다.

"다른 이를 진정으로 좋아하는 것은 그를 자유롭게 해주는 거야."

라고 민들레 꽃씨에게 말하면서, 까닭모를 서글픔이 밀려드는 것 또한 달팽이의 사랑이라는 것을 방울꽃은 몰랐습니다.

방울꽃 꽃잎 하나가 짙은 아침 안개 속에 떨어졌을 때 나비는 바람이 차가워진다며 노란 날개를 팔랑거리며 떠나갔습니다. 나비를 보내고 슬퍼하는 방울꽃을 보며 클로버 잎사귀 위를 구르는 달팽이의 작은 눈물이 사랑이라는 것을, 나비가 떠난 밤에 방울꽃 주위를 자지 않고 맴돌던 것이 달팽이의 사랑이라는 것을 방울꽃은 몰랐습니다.

꽃잎이 다 떨어져 버리고 방울꽃은 이제 하나의 씨가 되어 땅위에 떨어져 버렸을 때, 흙을 곱게 덮어주며 달팽이가 말했습니다.

"이제 또 당신을 기다려도 되나요?"

그때서야 방울꽃은 달팽이가 자기를 사랑한다는 것을 알았습니다.

142
해와 달의 주장

어느 날 해와 달이 만났다.

해가 달을 바라보며 "나뭇잎은 초록색이야"하고 말했다. 그러자 달이 나뭇잎은 은빛이라고 우겼다.

이번엔 달이 먼저 말했다. "사람들은 늘 잠만 잔다." 그러자 해가 달에게 잘못 알고 있다며 대답했다.

"아니야, 사람들은 언제나 바쁘게 움직인다구."

해의 말에 달이 의문을 가졌다.

"그러면 왜 땅은 늘 그렇게 조용한 거지?"

그랬더니 해가 고개를 갸우뚱거렸다.

"누가 그러니? 땅은 언제나 시끄럽기만 한데."

어느새 해와 달 사이에 말다툼이 벌어졌다. 그때 바람이 나타났다. 바람은 둘이 다투는 소리를 듣고 허허 웃으며 말했다.

"너희들은 쓸데없는 다툼을 하고 있구나."

"낮에는 해의 말대로 나뭇잎은 초록색이란다. 사람들도 바쁘게 움직이고, 땅도 시끄럽지. 그러나 달이 뜬 밤에는 모든 것이 변해. 땅은 고요해지고, 사람들도 잠을 잔단다. 나뭇잎은 달빛을 받아 은빛이 되지. 늘 우린 이렇게 자기가 보는 것만을 진실이라고 우길 때가 많단다."

143
사향노루 이야기

사향노루 한 마리가 있었습니다. 사향노루는 언제나 코끝에 밀려 오는 향기에 마음이 끌렸습니다. 시간이 흐를수록 그 향기는 점점 더 사향노루를 매혹시켰고, 또 어리둥절하게 만들었습니다. 사향노루는 혼자 중얼거렸습니다.

"도대체 이 향긋한 향기는 어디서 날아오는 거지? 무슨 일이 있더 라도 이 향기가 어디서 나오는지 꼭 알아내고 말겠어."

어느 날, 사향노루는 향기가 나는 곳을 찾아 산을 넘고 물을 건너 고 사막을 가로질러 이윽고 이 세상의 경계선까지 이르렀습니다. 하 지만 사향노루의 노력은 아무 소용이 없었습니다.

어디를 가든 그 향기는 끊임없이 코끝에 맴돌고 있었지만, 끝내 그 향기가 어디서 나오는지 알아낼 수 없었으니까요. 그래도 사향노루는 결코 포기하지 않았습니다. 하루는 가장 높은 절벽 위로 올라가 아래 를 내려다보던 사향노루는 저 아래에 가면 향기를 찾을 수 있을 거라 고 생각하고 다급한 마음으로 절벽을 내려가기 시작했습니다.

그런데 이를 어쩌면 좋을까요?

너무 서두른 나머지 발을 헛디뎌 그만 절벽 아래로 떨어지고 말았 답니다.

자신이 바로 그 사향노루라는 생각이 들지 않으세요? 자기 내부에 서 그렇게 아름다운 향기가 풍겨오는 줄도 모르고 좋은 것, 아름다운 것, 향기로운 것을 찾아 헤매고 다니지는 않나요? 내 안에 그처럼 보물이 숨겨져 있는 줄도 모르고 공연히 여기저기를 기웃거리며 시간을 낭비하고 있지는 않나요?

어리석은 사향노루처럼 향기를 찾아 밖으로 헤매지 말고, 자기의 내부에 감춰져 있는 향기를 찾아보세요.

144
꿀과 등불

어느 날 배고픈 파리 한 마리가 날아다니다 꿀단지를 보게 되었습니다. 파리는 향기 나는 꿀을 먹기 위해서 꿀단지 위에 앉았습니다. 처음에는 꿀단지 언저리로 다니면서 먹었지만, 곧 자기도 모르는 사이에 꿀단지 속으로 들어가게 되었습니다. 결국 날개에 온통 꿀이 묻어서 날 수 없게 되고 말았습니다. 그때 주위를 날아다니던 좀나방 한 마리가 와서는 빨대로 꿀을 먹다가 파리를 보고서 빈정대었습니다.

"어리석은 녀석이군! 꿀 속에 빠질 정도로 욕심이 많다니!"

그러나 파리는 할 말이 없었습니다. 얼마 후 저녁이 되었습니다. 좀나방이 등불 주위를 빙글빙글 돌다가 그만 등불 안으로 뛰어들어서 타 죽게 되었습니다. 그것을 보고는 꿀 속에 파묻혀 있던 파리가 입을 열어 빈정거렸습니다.

"너도 어리석은 놈이군! 타 죽을 만큼 불장난을 좋아하다니!"

이 우화는 허무한 것을 추구하는 인간들의 어리석은 욕심을 비유해 주고 있습니다. 아울러 우리 인간에게는 자신의 어리석음을 깨닫지 못하면서 그저 다른 사람의 실수나 꼬집기를 좋아하는 옳지 못한 속성이 있음을 우리에게 가르쳐 줍니다.

145
두 마리 늑대

한 체로키 노인이 자신의 손자에게 삶에 대해 가르치고 있었습니다.
"자신의 맘속에서는 늘 싸움이 일어난단다."
그는 손자에게 말했습니다.
"너무 끔찍한 싸움이어서 마치 두 마리 늑대가 싸우는 것과도 같지. 하나는 악마이고, 이놈은 분노, 질투, 슬픔, 후회, 탐욕, 교만, 분개, 자기 연민, 죄의식, 열등감, 거짓, 허영, 잘난 척 그리고 자신의 거짓 자아를 나타낸단다. 다른 놈은 선한 놈이지. 이놈은 기쁨, 평화, 사랑, 희망, 친절, 선의, 고요함, 겸손함, 동정심, 관대함, 진실, 연민, 신뢰를 나타낸단다. 이 같은 싸움이 네 안에서도 일어나고, 모든 사람들의 마음에서도 일어난단다."

손자는 잠시 동안 그 말을 생각하다가 할아버지께 물었습니다.

"그럼 어떤 늑대가 이기나요?? "

체로키 노인은 간단하게 대답했습니다.

"네가 먹이를 주는 놈이 이긴단다."

146
자기 비우기

사람들이 잔치 때 주로 돼지를 잡게 된 유래가 있습니다.

어느 날, 한 목장 주인의 막내딸이 결혼하게 되어 가축들이 회의를 열었습니다. 그때 제일 연장자이자 임시 의장으로 선출된 소가 말했습니다.

"여러분! 이제 곧 주인의 따님이 결혼하는데 누가 잔칫상의 제물이 되겠습니까? 제 생각으로는 주인을 위해 할 일이 없는 동물이 죽으면 좋겠는데 여러분들의 의향은 어떻습니까?" 그 제의에 다 "그렇게 하자!"고 했습니다.

먼저 소가 말했습니다. "나는 주인님을 위해 농사도 하고, 짐도 날라야 되니까 죽을 수 없소."

곧 이어 나귀가 말했습니다. "나는 주인님을 태우고 다녀야 되고, 이번에 결혼식장으로 따님을 모시고 가야 됩니다."

이번에는 개가 말했습니다. "나는 도둑을 지켜야 합니다."

고양이도 말했습니다. "나는 쥐로부터 식량창고를 지켜야 합니다."

닭도 말했습니다. "나는 새벽마다 주인님을 깨워야 합니다."

마지막으로 돼지 차례가 되었습니다. 돼지는 할 말이 없어 잠시 생각하다가 말했습니다. "나는 주인의 것을 먹기만 하고 이제까지 한 일이 없으니 내가 죽겠소!" 그리고는 눈물을 뚝뚝 흘리며 노래했습니다.

"늘 울어도 눈물로써 못 갚을 줄 알아 몸밖에 드릴 것 없어 이 몸 바칩니다." 그 후로 잔칫상에는 항상 돼지머리가 올라갔고, 돼지도 자기가 한 일에 보람을 느껴 잔칫상의 돼지머리는 항상 웃는 표정을 짓는다고 합니다.

많은 사람들이 받기는 좋아하지만 드리는 것은 싫어합니다. 그러나 드림으로 자기를 비우지 않고는 더 좋은 것이 채워질 수 없습니다. 자기를 드림으로 누군가의 필요를 채우고, 누군가에게 기쁨을 주면 인생의 보람은 더욱 커질 것입니다.

147
주어진 삶을 위하여

이 세상살이에 회의를 품은 참새 한 마리가 있었습니다. 그는 매일같이 먹이를 찾아 다녀야 하는 삶이 괴로웠습니다. 또한 쫓겨 다녀야 하는 삶에 진저리가 났습니다. 세상은 날로 혼탁해지고 공해와 더불어 다른 새들보다 한 톨이라도 더 먹으려 싸우고 속이고 속는 그런 것이 싫었습니다. 그는 스승 참새를 찾아가 말했습니다.

"저는 이 세상살이가 싫어졌습니다. 너무나 치열하고 너무도 비참합니다. 어제는 제 친구가 농약이 묻은 벼를 먹고 죽었습니다. 며칠 전엔 또한 친구가 사람이 쏜 총에 맞고 죽었습니다."

스승 참새는 물었습니다.

"그래서 어떻게 하겠다는 것이냐?"

참새가 대답했습니다.

"깊은 산에 들어가서 불쌍한 우리 참새들을 위해 기도하면서 살고 싶습니다."

"따라오너라."

스승 참새는 그를 데리고 근처 연못으로 날아갔습니다. 연못은 위에서 흘러 들어온 흙탕물 때문에 검붉었는데, 거기에 뿌리를 내린 연에서는 놀랍게도 꽃봉오리가 화사하게 올라오고 있었습니다. 스승 참새는 그에게 말했습니다.

"봐라. 연꽃은 저 더러운 흙탕물에서 피지만 더러움에 물들지 않고, 오히려 더러운 자기 터를 아름다운 꽃밭으로 만든다. 너도 이 험한 세상을 떠나 도피하려 하지 말고, 주어진 그곳에서 살면서 네 터를 네 꽃밭으로 만들도록 해라. 그것이 진짜 보람 있는 삶이 아니겠느냐?"

개구리의 허영심

두 마리의 기러기가 매년 하던 대로 남쪽으로 이동할 채비를 하고 있었습니다. 그때 개구리 한 마리가 자기도 데려가 줄 수 있느냐고 물었습니다. 두 마리의 기러기는 "그래" 라고 대답했지만 그 일을 어떻게 할 수 있을지가 걱정스러웠습니다.

그러자 무척이나 꾀 많은 이 개구리는 길고 튼튼한 풀잎 줄기를 구해 와서는 두 마리의 기러기들에게 자기는 풀잎 줄기 중간에 입으로 매달려 있을 테니 양쪽 끝을 발로 잡아 달라고 부탁했습니다.

마침내 두 마리의 기러기와 개구리는 하늘로 날아올랐습니다. 한참을 날아오르자 저 아래로 사람들과 집들이 보였습니다. 넓게 펼쳐진 광경이 개구리에게는 무척이나 신기했습니다. 그때 두 마리의 기러기는 독특한 체험을 구상한 자신들의 창조력과 현명한 행동에 대해 큰소리로 자화자찬을 늘어놓기 시작했습니다. 두 마리의 기러기가 하는 말을 듣고 있던 개구리는 허영심이 발동하여 그만 입을 벌리고는 큰소리로 외쳤습니다.

"그건 내 아이디어였잖아!"

그 순간, 개구리는 곧장 땅바닥으로 떨어져 죽고 말았습니다.

149
거미와 사내

한 사내가 숲길을 거닐고 있었다. 싸리나무 가지에서 거미줄이 바람에 흔들렸다. 그물처럼 펼쳐진 거미줄에 걸려든 배추꽃흰나비.

나비는 고통스럽게 날개를 파닥거렸다. 거미는 재빠르게 다가가 나비의 몸통을 덥석 물었다.

"보이지도 않는 거미줄로 함정을 만들어서 너는, 예쁜 나비를 꽁꽁 묶어버렸구나."

그러자 거미가 사내에게 되물었다.

"당신이 함부로 뱉은 말로 당신은, 다른 이들의 마음을 고통스럽게 묶어놓은 적이 없나요?"

150
아기 낙타

아기낙타: 엄마?

엄마낙타: 왜?

아기낙타: 있잖아. 우리 낙타들은 왜 이렇게 등이 볼록해?

엄마낙타: 그건, 사막에서 살기 때문에 우리 등에 지방을 저장해

두었기 때문이란다.

아기낙타: 아하. 그러면 발톱은 왜 붙어 있어?

엄마낙타: 사막에선 모래로 인해 발이 빠지기 쉽기 때문에 안 빠지기 위해서란다.

아기낙타: 엄마, 그런데 우리는 사막이 아닌 동물원에서 뭐하고 있는 거야?

행복한 사람

어느 날 한 왕이 있었는데 하루는 신하를 전국에 보내어 가장 행복한 사람을 찾아보도록 했습니다. 그리고 10만 금을 주더라도 그 사람의 속옷을 얻어 오라고 했습니다. 그 옷을 입으면 자신도 행복해질 것이라는 믿음 때문이었습니다. 왕의 지시를 받은 신하는 오랜 세월 동안 전국 각지를 돌아다니며 행복해 보이는 사람을 찾아다녔습니다. 권력 있다는 자, 돈이 많다는 자, 지식이 있다는 자 등등. 그러나 진정 행복해 보이는 사람을 만나기는 무척 힘이 들었습니다.

그러던 중 어느 시골길을 터벅터벅 걷고 있는데 한 청년이 흥겹게 노래를 부르며 오고 있는 게 아니겠습니까? 아, 그의 얼굴은 너무도 행복한 표정으로 가득했습니다. 왕의 신하는 그 청년에게 달려가 이렇게 물었습니다.

"당신은 무던히 행복해 보이는군요."

"그럼요. 단 하루도 불행해 본 적이 없습니다."

그때 신하는 자기가 다니는 목적과 사정을 말하고 "그러니 당신의 속옷을 꼭 팔라"고 하며 "돈을 달라는 대로 다 주겠노라"라고 했습니다. 그러자 청년이 먼지투성이의 옷을 활짝 젖혀 가슴을 보이며 말했습니다.

"보시다시피 전 속옷이 없습니다. 사실 속옷뿐 아니라 구두도 한 켤레 없어서 불만이었는데, 마침 이리 오다가 발이 없는 사람을 만난

후로는 구두가 없다는 게 무슨 불만인가 싶어 감사의 마음을 되찾게
된 것입니다."

152
감사의 손

추수감사절 날, 초등학교 여교사가 1학년 학생들에게 세상에서 가
장 감사하게 여기는 대상을 그려보라고 말했다. 그러면서도 마음 한
편으로 여교사는 미국에서도 가장 가난한 빈민가에 사는 그 아이들
이 과연 감사하게 여길 대상이 있을까 의문을 가졌다. 아마도 식탁에
차려진 칠면조나 맛있는 음식들을 그릴 것이라고 그녀는 생각했다.
그런데 더글라스가 내미는 그림을 보고 여교사는 당황하지 않을 수
없었다. 거기엔 어린 아이의 필체로 단순한 손 하나가 그려져 있었
다. 하지만 누구의 손일까? 더글라스의 그림을 보고 아이들은 나름대
로 상상을 하기 시작했다. 한 아이가 말했다.
"그건 우리에게 먹을 것을 준 하나님의 손이 틀림없어요."
다른 아이가 말했다.
"그건 농부의 손이에요. 칠면조를 기르니까요."
마침내 여교사는 더글라스의 책상으로 다가가 그것이 누구의 손을
그린 것인가를 물었다. 더글라스는 머뭇거리며 대답했다.
"이건 선생님의 손이에요."

그러고 보니 여교사는 쉬는 시간마다 가난하고 불쌍한 더글라스를 손으로 쓰다듬어 주곤 했던 것이 기억났다. 그녀는 다른 학생들에게도 종종 그렇게 하였다. 하지만 더글라스에게는 그것이 매우 큰 의미를 주었던 것이다.

아마도 이것이 모든 이에게 해당하는 추수감사절의 의미이리라. 우리에게 주어진 물질적인 것들에 대한 감사가 아니라, 아무리 작은 방식이라도 누군가에게 관심과 애정을 주는 것이 참다운 감사인 것이다.

153
소중한 두 마디

어떤 특별한 수도원에서 많은 수도승들이 기도 생활을 하고 있었다. 이 수도회에서 한 가지 엄격히 지켜지는 것은 침묵이었다. 모든 수도승이 하루 24시간 동안 반드시 침묵을 지켜야만 했다. 누구라도 절대로 입을 열어선 안 되었다. 단, 한 해의 마지막 날이 되면 수도원장에게 두 마디의 말을 할 수 있도록 허용되었다. 이 수도회에 새로운 수도승이 들어왔다. 그 해의 마지막 날이 되자 수도원장이 그 신참 수도승에게 할 말이 있으면 하라고 말했다. 그 수도승이 한 두 마디의 말은 이것이었다.

"침대가 딱딱해요."

수도원장은 고개를 끄덕이고는 이 수도승을 계속 침묵 수행에 들게 했다. 이듬해 마지막 날이 됐을 때 수도원장은 다시 그 수도승에게 할 말이 있는가를 물었다. 수도승은 말했다.

"음식이 나빠요."

수도원장은 고개를 끄덕이고는 다시 그 수도승을 수행에 정진토록 했다. 삼년이 되는 해의 마지막 날, 신참 수도승은 수도원장을 찾아와 다시 두 마디의 말을 했다.

"전 그만두겠어요."

그 말에 수도원장은 고개를 끄덕이며 말했다.

"당연한 일이오. 당신이 지금까지 한 말이라곤 온통 불평뿐이었소."

<h1 style="text-align:center">154
관용에 대한 보답</h1>

궁궐에서 잔치를 벌이고 있을 때였어. 왕과 신하가 흥겨운 마음으로 잔치를 즐기고 있을 즈음, 느닷없이 그 안의 불이 모두 꺼져버렸지. 그때는 깊은 밤이라 주위는 말 그대로 암흑이었고, 그 기회를 틈타 누군가가 왕이 가장 총애하는 애첩의 입을 맞춰 버렸어. 깜짝 놀란 애첩은 엉겁결에 그 사람의 갓끈을 잡아뗐고, 곧이어 분한 목소리로 왕에게 고했어.

"폐하, 지금 어느 놈이 신첩에게 해괴망측한 짓을 하기에 그 놈의 갓끈을 잡아떼어 놓았나이다. 어서 그 놈을 잡아내 능지처참하소서."

그러자 이 말에 왕은 노발대발, 당장에라도 그 놈을 잡아 죽일 듯이 노기등등했어. 그러나 다음 순간 왕의 입에서 나온 명령은 좀 이상한 것이었어.

"들으렷다! 지금 당장 이 자리에서 갓끈을 떼지 않는 자가 있으면 용서치 않겠다!"

이러한 왕의 호령에 신하들은 어리둥절하면서도 모두 서둘러 갓끈을 떼어내는 것이었어. 따라서 이후 불을 다시 켜 주위는 밝아졌으나 모두가 다 갓끈을 떼어냈는지라 아까의 무례한 작자를 가려낼 방도가 없었지. 다시금 왕이 말했어.

"나의 애첩에게 입을 맞춘 무례한 놈은 살려둘 수 없다. 허나, 그 범인이 누구인지를 알 수가 없으니 이번만은 없던 일로 하겠다. 그러니 그대들은 더 이상 그 일에 신경 쓰지 말고 계속 잔치를 즐기라."

그리하여 풍악은 다시 울렸고, 왕과 신하는 또 다시 흔쾌한 마음으로 그 밤이 새도록 흥겹게 놀았지. 그 후 몇 년이 지나 나라에 위급한 일이 닥쳤어. 호시탐탐 노리고 있던 이웃 강대국이 급기야 수많은 군사를 이끌고 침범해온 것이야. 나라의 존립이 위태롭게 된 마당에 왕이라고 가만히 있을 수 없었지. 그러나 그렇다 해도 이웃 나라의 대병을 막기에는 여러모로 역부족이었어. 그때였지. 별안간 어떤 장수 하나가 용감하고 잘 훈련된 수많은 군사를 이끌고 비호처럼 나타나 적군을 무찌르기 시작했던 것이야. 참으로 용맹하기 짝이 없는 장수와 군사들이었지. 그러자 적군은 마침내 패퇴하고야 말았어. 그때

왕의 감격이야 어찌 말로 다 표현할까.

"이럴 수가! 이게 도대체 어찌된 영문이오? 장군은 도대체 누구요? 누구길래 나를 구했소?"

그러자 그 장수는 왕 앞에 무릎을 꿇고는 뜨거운 눈물을 흘렸어.

"폐하께서 저에게 베푼 은혜를 오늘에야 조금 갚았을 뿐입니다. 몇 년 전 궁에서 베푼 연회를 기억하시는지요? 제가 바로 그날 폐하의 애첩에게 무례한 짓을 저지른 무뢰한입니다. 하오나 폐하의 은혜를 입어 무사하게 되었으니 어찌 감사하지 않겠습니까? 하여, 언제고 폐하께 목숨을 바칠 기회가 있을 것이라 생각하고 남 몰래 군사들을 훈련시켰습니다."

자신의 앞에 꿇어앉은 그 장수의 손을 잡는 임금의 손에 따스한 온기가 전해졌음은 더 말할 나위가 없었지. 그때의 관용이 위기에 처한 나라를 구할 줄 누가 알았겠어. 이렇듯 조그마한 관용이라도 베풀면 그것이 태산보다 더 큰 보답으로 다가오는 것이야.

<h1 style="text-align:center">155</h1>

<h2 style="text-align:center">효에 대하여</h2>

세익스피어의 작품 〈리어왕〉에 보면 '효도할 줄 모르는 자녀를 키우는 부모는 집안에 독사의 이빨을 키우는 것과 같다는 말이 있다. 이 말의 뜻이 무엇이겠는가. 아무리 좋은 옷을 입히고 이름 있는 학

교 교육을 시켜도, 또한 좋은 곳에 취직이 되고, 많은 재산을 유산으로 받아도 부모에게 효도하는 마음이 없는 자녀로 자라게 되면 훗날 부모의 발뒤꿈치를, 독이든 이빨로 물어뜯는 독사가 된다는 뜻이 아니겠는가.

일찍이 율곡 선생께서는 '인간이 지을 수 있는 죄가 3천 가지가 있는데 그 중 가장 큰 죄가 불효하는 죄'라고 말씀하신 바 있다. 선생은 모든 것을 다 이룬다 해도 불효를 하는 자라면 모든 것에 있어 실패한 자라고 하셨다.

국군 모 부대에서는 위병소 옆에 효자각을 세워놓고 부모가 면회를 오면 효자각에서 큰절을 올린 후 안부를 묻도록 교육을 시킨다고 한다. 전선을 지키는 병사가 효도하는 마음이 크다면 그만큼 나라도 사랑할 것이고 자기 일에 충실할 것이다.

성서 출애굽기와 불교 경전 부모은중경에도 부모님에 대한 효도의 중요성이 나온다. 효도하는 마음이 축복을 얻는 길이며, 죄를 씻을 수 있는 길이라는 것이다.

156
양 도둑과 성자

어느 마을에 양 도둑이었던 사람이 있었습니다. 그의 이마엔 양을 훔친 도둑의 약자인 'ST(Sheep thief)'라는 낙인이 찍혀져 있었습니다.

그러나 그는 그 동안의 죄를 뉘우치고 열심히 다른 사람들을 위해 봉사했습니다. 그가 이웃의 슬픔과 아픔을 함께 하고 궂은일에 앞장서는 동안, 그에 대한 마을 사람들의 평판은 날이 갈수록 좋아졌습니다. 뿐만 아니라, 어느 때부턴가는 없어서는 안 될 사람으로 존경을 받기에 이르렀습니다. 하지만 아무리 선한 일을 해도 이마에 찍힌 낙인은 어쩔 수가 없었습니다.

세월이 흘러 그가 할아버지가 되었을 때 동네의 아이들이 그 사실에 대해 궁금해 했습니다. 그러자 옆에 있던 목사님이 나서서 이렇게 설명해 주었습니다.

"성자의 이마엔 원래 그런 글자가 새겨져 있단다."

양 도둑의 약자(ST)와 성자(Saint)의 약자는 같습니다. 도둑이 어느덧 성자가 되어 있었던 것이지요. 실제로 그는 마을 사람들에게 성자 이상으로 대접받고 있기도 했습니다.

이처럼 사람은 변할 수 있습니다. 샘물이 시냇물이 되고, 시냇물이 바닷물이 되듯 사람은 또한 더 나은 쪽으로 변해야 합니다.

157
감사를 아는 마음

10대 자녀가 반항을 하면, 그건 아이가 거리에서 방황하지 않고 집에 잘 있다는 것이고,   지불해야할 세금이 있다면, 그건 나에게 직

장이 있다는 것이고,

파티를 하고 나서 치울 게 너무 많다면, 그건 친구들과 즐거운 시간을 보냈다는 것이고,

옷이 몸에 조금 낀다면, 그건 잘 먹고 잘 살고 있다는 것이고,

깎아야 할 잔디, 닦아야 할 유리창, 고쳐야 할 하수구가 있다면, 그건 나에게 집이 있다는 것이고,

정부에 대한 불만의 소리가 많이 들리면, 그건 언론의 자유가 있다는 것이고,

주차장 맨 끝 먼 곳에 겨우 자리가 하나 있다면, 그건 내가 걸을 수 있는데다 차도 있다는 것이고,

난방비가 너무 많이 나왔다면, 그건 내가 따뜻하게 살고 있다는 것이고,

교회에서 뒷자리 아줌마의 엉터리 성가가 영 거슬린다면, 그건 내가 들을 수 있는 귀가 있다는 것이고,

세탁하고 다림질해야 할 일이 산더미라면, 그건 나에게 입을 옷이 많다는 것이고,

온몸이 뻐근하고 피로하다면, 그건 내가 열심히 일했다는 것이고,

이른 새벽 시끄러운 자명종 소리에 깼다면, 그건 내가 살아있다는 것이고,

이메일이 너무 많이 쏟아진다면, 그건 나를 생각하는 사람들이 그만큼 많다는 것이지요.

16. 감사

소녀의 전 재산

몹시 추운 겨울날, 어린 소녀가 발을 동동 구르며 유리창 너머로 가게 안을 한참 동안 들여다보더니 이윽고 가게 안으로 들어갔다.

"이 푸른 구슬 목걸이 참 예쁘네요. 좀 싸 주세요."

"누구에게 선물하려고 그러니?"

"우리 언니요. 저는 엄마가 없어서 언니가 저를 키워주거든요. 언니에게 줄 선물을 찾고 있었는데, 아주 꼭 마음에 들어요. 언니도 좋아할 거예요."

"돈은 얼마나 있니?"

"제 저금통을 털었어요. 이게 전부예요."

소녀는 주머니에서 동전을 모두 쏟아 놓았다. 그러나 목걸이의 가격에 비하면 터무니없이 적은 돈이었다. 소녀는 목걸이 가격에 대해서 전혀 모르는 것 같았다. 주인은 소녀 몰래 정가표를 슬그머니 떼고는 예쁘게 포장해 소녀에게 주었다.

"집에 갈 때 잃어버리지 않도록 조심하거라."

"예, 감사합니다."

그런데 다음날 저녁. 젊은 여인이 가게 안으로 들어서서 푸른 목걸이를 내놓으면서 말했다.

"이 목걸이, 이곳에서 파신 물건이 맞나요? 진짜 보석인가요?"

"예, 저희 가게의 물건입니다. 그리고 좋진 않지만 진짜 보석입니다."

"누구에게 파셨는지 기억하시나요?"

"물론입니다. 예쁜 소녀였지요."

"그 아이에게는 이런 보석을 살 돈이 없었을 텐데요."

그러자 가게 주인은 젊은 여인을 바라보며 말했다.

"그 소녀는 누구도 지불할 수 없는 아주 큰돈을 냈습니다. 자기가 가진 것 전부를 냈거든요."

159
가마우지 이야기

신선이 산다고 할 만큼 아름다운 중국의 계림 지방. 그곳에 사는 순박한 사람들은 먼 옛날부터 가마우지 새를 이용한 낚시를 생업으로 삼고 있다. 가마우지는 검은 잿빛에 날지 못하는 작고 보잘것없는 날개를 가진 새로, 길고 끝이 구부러진 주둥이와 긴 목으로 물고기를 재빠르게 낚아채고 큰 물고기를 쉽게 삼킨다. 가마우지 낚시란 가마우지의 목 아랫부분을 끈으로 묶어 가마우지가 물고기를 삼키지 못하도록 한 다음 그것을 꺼내는 낚시 방법을 말한다.

다음은 수백 년 이어온 계림 사람들과 가마우지의 아름다운 이야기다.

가마우지 낚시로 생계를 꾸리는 한 어부가 이른 새벽 가마우지를 태우고 강으로 나갔다. 강 한가운데에 이르러 가마우지의 목을 묶자

주인의 마음을 알아차린 가마우지는 능숙한 솜씨로 물고기를 낚아 올렸다. 이렇게 물고기를 몇 마리 잡은 뒤 어부는 가마우지의 목을 풀어 주어 가마우지가 마음껏 물고기를 먹게 했다. 해질녘이 되면 어부는 가마우지와 함께 붉은 노을빛을 받으며 집으로 돌아왔다.

어느덧 세월이 흘러 너무 늙어버린 가마우지는 더 이상 낚시를 하지 못하게 되었다. 그러자 어부는 손을 가마우지의 목에 넣어 물고기를 삼키게 해주었다. 가마우지가 죽을 날이 가까워 오자 어부는 날씨 좋은날, 가마우지를 안고 강이 내려다보이는 언덕에 올랐다. 그리고는 돗자리를 펴고, 조그만 상에 잘 익은 술 한 병을 올려놓고는 가마우지와 마주 앉았다.

한참동안 가마우지를 쳐다보는 어부의 눈에는 은혜와 감사의 정이 가득했다. 이윽고 어부는 정성스럽게 술을 따른 후 가마우지의 입에 부어 넣어 주었다. 늙고 힘없는 가마우지는 정성스러운 그 술에 깊이 취하며 눈물을 흘리면서 긴 목을 땅에 뉘였다. 평생을 동고동락해 온 가마우지의 몸을 쓰다듬으며 하염없는 눈물을 쏟는 어부의 머리도 어느새 하얗게 세어 있었다.

160
가치 있는 삶

한 남자가 위험한 파도 속을 헤엄쳐 가서 바다에 빠진 한 소년을

구조했다. 얼마 후, 의식을 되찾은 소년이 자기를 구해 준 남자에게
말했다.

"제 생명을 구해 주셔서 고맙습니다."

남자는 소년의 눈을 들여다보면서 말했다.

"괜찮다, 꼬마야. 다만 너의 생명이 구조할 만한 가치가 있었다는
것을 앞으로 너의 인생에서 증명해 보이거라."

161

생텍쥐페리의 미소

생텍쥐페리는 나치 독일에 대항해서 싸운 전투기 조종사였으며, 전투에 참가했다가 목숨을 잃었다. 2차 세계대전이 일어나기 전에 그는 스페인 내란에 참여해 파시스트들과 싸웠다. 그는 그때의 체험을 바탕으로 〈미소(Le Sourire)〉라는 제목의 아름다운 단편소설을 쓴 적이 있다. 이것이 자서전적인 이야기인지 허구의 이야기인지는 확실하지 않다.

그가 전하는 이야기에 따르면, 그는 전투 중에 적에게 포로가 되어서 감방에 갇혔다. 간수들의 경멸적인 시선과 거친 태도로 보아 그가 다음 날 처형되리라는 것은 분명한 일이었다. 다음 그 단편소설의 이야기다.

나는 죽게 되리라는 것이 확실했다. 나는 극도로 신경이 곤두섰으며 고통을 참을 길 없었다. 나는 담배를 찾아 주머니를 뒤졌다. 몸수색 때 발각되지 않은 게 있을지도 모른다는 기대 때문이었다. 다행히 한 개비를 발견했다. 손이 떨려서 그것을 입으로 가져가는 데도 힘이 들었다. 하지만 성냥이 없었다. 그들이 모두 빼앗아버린 것이다. 나는 창살 사이로 간수를 바라보았다. 그는 내 눈과 마주치려고도 하지 않았다. 이미 죽은 거나 다름없는 자와 누가 눈을 마주치려고 할 것인가. 나는 그를 불러서 물었다.

"혹시 불이 있으면 좀 빌려주겠소?"

간수는 나를 쳐다보더니 어깨를 으쓱하고는 내 담배에 불을 붙여 주기 위해 걸어왔다. 그가 가까이 다가와 성냥을 켜는 사이에 무심결에 그의 시선이 내 시선과 마주쳤다. 바로 그 순간 나는 미소를 지었다. 왜 그랬는지는 나도 모른다. 어쩌면 신경이 곤두서서 그랬을 수도 있고, 어쩌면 둘 사이의 거리가 너무 가까우니까 미소를 안 지을 수 없어서 그랬는지도 모른다. 아무튼 나는 미소를 지었다. 그 순간, 우리 두 사람의 가슴 속에, 우리들 두 인간 영혼 속에 하나의 불꽃이 점화되었다. 나는 그가 그것을 원하지 않았다는 것을 안다. 그러나 나의 미소는 창살을 넘어가 그의 입술에도 미소가 피어나게 했다. 그는 담배에 불을 붙여 주고서도 그 자리를 떠나지 않고 내 눈을 바라보면서 미소를 지었다. 나 또한 그에게 미소를 보내면서 그가 단순히 한 사람의 간수가 아니라 하나의 살아 있는 인간이라는 사실을 깨달았다. 그가 나를 바라보는 시선 속에도 새로운 차원이 깃들어 있었다. 문득 그가 나에게 물었다.

"당신에게도 자식이 있소?"

"그럼요. 있구 말구요."

나는 그렇게 대답하면서 얼른 지갑을 꺼내 허둥지둥 나의 가족사진을 보여주었다. 그 사람 역시 자신의 아이들 사진을 꺼내 보여주면서 앞으로의 계획과 자식들에 대한 희망 같은 것을 얘기했다. 내 눈은 눈물로 가득해졌다. 나는 다시는 가족을 만나지 못한다는 사실이 두렵다고 고백했다. 내 자식들이 성장해가는 것을 지켜보지 못하는 것이 두렵다고. 이윽고 그의 눈에도 눈물이 어른거렸다.

갑자기 그가 아무런 말도 없이 일어나서 감옥 문을 열었다. 그러더니 나를 조용히 밖으로 나가게 하는 것이었다. 그는 소리 없이 감옥을 빠져나가 뒷길로 해서 마을 밖까지 나를 안내했다. 마을 끝에 이르러 그는 나를 풀어주었다. 그런 다음 그는 한 마디 말도 없이 뒤돌아서서 마을로 걸어갔다. 그렇게 해서 한 번의 미소가 내 목숨을 구해주었다. 그렇다. 미소는 사람들 사이의 꾸밈없고, 의도하지 않고, 자연스러운 연결이다.

162
아드린느를 위한 발라드

이 곡은 한 남자가 자신이 진심을 다해 사랑했던 여인, 아드린느를 위하여 만든 음악이라고 합니다.

서로 너무도 사랑했던 아름다운 연인이 있었습니다. 어느 날인가 남자는 전쟁터로 나가게 되었고, 불행하게도 전쟁터에서 그만 팔 한 쪽과 다리 한 쪽을 잃고 말았답니다. 그런 모습으로 아드린느 곁에 머물 수 없었던 그는 그녀를 떠났습니다. 그것이 자신이 사랑하는 그녀에게 보여줄 수 있는 깊은 사랑이라고 생각을 했던 것이지요.

아드린느의 슬픔은 아주 컸습니다. 많은 시간이 흘렀고, 고향을 떠나 있던 남자는 그녀가 결혼을 한다는 소식을 전해 듣고 결혼식이 열리는 교회로 갔습니다. 자신이 사랑했던, 아니 여전히 가슴 아프게 사랑하는 그녀의 행복한 모습을 지켜보고 싶어서 결혼식에 도착한 그는 그만 놀라고 말았습니다.

그녀의 곁에는 두 팔과 두 다리가 없는 신랑 될 남자가 휠체어에 앉아 있었기 때문입니다. 그때서야 그는 알게 됩니다. 자신이 얼마나 그녀를 아프게 했고, 그녀가 자신을 얼마나 사랑했었던가를 깨닫게 됩니다. 그녀는 남자의 건강하고 완전한 몸만을 사랑했던 것이 아니었습니다.

남자는 그녀를 위해 눈물 속에서 작곡을 합니다. 바로 '아드린느를 위한 발라드'입니다. 사랑하는 한 여자를 위해 한 남자가 만든 슬프고도 아름다운 곡입니다.

163
아름다운 그림 이야기

어느 나라에서 가장 유명한 화가 두 사람이 모였습니다. 둘은 일 년 뒤 이 세상에서 가장 아름다운 장면을 그림으로 그려 이 자리에서 다시 만나자고 약속했답니다. 약속한 시간이 흘러 자리에 모였을 때, 두 사람은 너무나 다른 그림에 놀랐습니다. 한 화가가 먼저 말을 건넸습니다.

"나는 평화로운 시골마을을 배경으로 아름다운 저녁놀이 지는 장면을 그렸네, 마을에는 아이들이 정겹게 뛰놀고, 농부들이 추수하는 즐거움을 그림으로 담았지, 하지만 자네의 그림은 전혀 뜻밖이네 이 게 어떻게 아름다운 그림이라고 생각한 거지?"

"나도 처음에는 자네처럼 그림을 그리기 시작했다네, 하지만 어느 비바람이 불고 폭풍우가 오던 캄캄한 저녁에, 파도에 휩쓸릴 것 같은 바위 위에서 굳건하게 서있던 갈매기의 모습을 보고 이전의 그림을 찢어버리고 말았지, 자네가 그린 아름다움은 비바람이 불면 무너질 아름다움이지만, 가장 힘든 순간에도 평화를 찾은 그 갈매기의 모습 은 너무나 아름다운 모습이었지."

164
애처가 마크 트웨인

〈톰소여의 모험〉으로 유명한 미국의 소설가 마크 트웨인은 아내를 무척 사랑한 애처가로도 잘 알려져 있다. 그는 서른두 살 때 유럽을 여행하던 중 관광유람선에서 찰스 랭던이라는 청년과 사귀게 되었다. 심심하던 차에 친구가 생기자 그는 찰스와 자주 어울렸는데, 어느 날 찰스의 선실에 들렀다가 우연히 그의 누이동생인 올리비아의 사진을 보게 되었다. 그 순간 사진 속의 올리비아에게 흠뻑 반한 그는 반드 시 그녀와 결혼해야겠다고 마음속으로 굳게 다짐했다.

몇 달 후 찰스에게 만찬회 초대를 받은 마크는 꿈에 그리던 올리 비아를 만나자 너무나 기뻤다. 하지만 만찬회가 끝날 시간이 다가오자 그녀와 헤어질 일이 아쉬워 마침내 한 가지 꾀를 생각해 냈다. 만찬회가 끝나 사람들이 하나둘 돌아갈 때 그 역시 랭던 집안사람들에게 작별인사를 한 뒤 마차에 올랐다. 그런데 마차가 막 출발할 즈음 그는 일부러 마차에서 굴러 떨어졌다. 그리고 곁에 있던 사람들이 깜작 놀라자 기절한 척하며 연극을 했다.

그렇게 해서 마크는 찰스의 집에서 2주일이 넘도록 머무를 수 있었다. 그 사이 그는 올리비아를 볼 때마다 끈질기고 간절하게 청혼했지만 번번이 거절당했다. 결국 열일곱 번째 프로포즈에서 간신이 그녀의 승낙을 받았다.

마크 트웨인은 아내 올리비아을 처음 봤을 때부터 단 한순간도 그녀를 생각하지 않은 적이 없었다. 후에 그의 아내는 얼음 위에서 미끄러진 일로 평생 동안 몸이 불편한 채 지내야 했지만 마크의 마음은 늘 한결같았다. 아파서 침대에 누워 지내는 일이 많은 아내를 위해 하루는 그가 뜰의 나무마다 이런 글을 붙였다고 한다.

"새들아. 울지 마라. 아내가 자고 있으니까."

165
사마천의 〈사기〉

지혜롭고 용병이 능하였던 두릉 장군은 서기 기원전 99년 겨우 5천 명의 보병을 거느리고 북방의 흉노를 토벌하기 위하여 떠났다. 두릉 장군은 계속되는 전투에서 적들을 격파하고 적진 깊숙이 들어갔다. 용맹스럽게 전투에서 많은 적을 무찌르고 돌격한 두릉 장군은 그러나 적진에 너무 깊숙이 들어가고 후미와 떨어지게 되었고, 끝까지 항복을 거부하고 최후까지 잘 싸웠으나 말에서 떨어져 포로가 되고 말았다.

이 소식이 왕에게 전해질 때 그가 장렬히 전사한 것으로 전해졌고, 많은 사람들은 이에 애도하였으며 어떤 부하는 그를 따라서 자결을 하기도 하였다. 하지만 이듬해 봄이 되자 두릉 장군이 사실은 전사한 것이 아니라, 포로가 되어 오히려 적군의 중신으로 쓰이고 있다는 소문이 들려왔다. 이에 중국 역대의 영웅 중에서 패한 일이 없기로 유명한 무제가 이를 듣고 격노하였다. 그리고 즉시 중신들을 소집하였다. 중신들은 무제 앞에서 두릉 장군을 욕하기 시작하였다.

"폐하, 그자는 혼자서 부대를 벗어났다는 것부터가 무책임한 자입니다."

"맞습니다. 폐하, 그자는 전에도 돌출적인 행동으로 고집이 세고 잘난 척을 하던 그런 사람이었습니다."

심지어는 그를 부하로 두었던 자까지 입을 모아 욕을 하였다.

"폐하 잠시나마 그자와 같이 있었다는 것이 수치스럽습니다. 그자의 남은 삼족을 멸하여 후세에 교훈으로 삼아야 할 것입니다"

고집불통에다 부하의 의견에 귀 기울이지 않는 왕이라는 것을 잘 아는 중신들이기에 아무도 감히 반론을 제시하지 못하였다. 이때, 말석에 앉아있던 젊은 남자하나가 불쑥 머리를 조아리며 말을 하였다.

"폐하, 두릉 장군이 전투에 나간 지 반년밖에는 안되었습니다. 여기에 있는 여러 중신들은 그가 전투에 나갈 때 마중을 나가며 장군의 지략을 찬양하고, 그가 전도유망한 장군이라고 칭찬들을 하였습니다. 그런데 반년도 안 되어 그의 사정을 알지도 못한 채 그를 역적이라고 모두들 강변하는데 이것이 믿을 수 있는 인간의 마음입니까? 평소 그의 품성과 충성심으로 보아, 그는 분명 적진에 홀로 남은 이유가 있을 것이며, 그 진실을 확인하기 전에는 그를 결코 나무랄 수 없다고 여겨집니다."

이 사람은 사마천이었다. 그의 진언으로 인해 황제를 격노하게 된 결과는 즉시 나타났다. 그는 사형은 면했지만 궁형이라는 남자로는 치욕적인 형벌을 받았다. 사람들은 수치스럽게 사는 것보다 남자답게 죽는 것이 어떠냐고 말하기도 하였고, 어딜 가나 비겁하고 수치스런 사람이라고 손가락질을 받았다. 그러던 중 임안 장군이라는 사람이 사마천을 찾아왔다.

"사마천 더 이상 수치스럽게 살아가지 말고 이 독약으로 자결하시오."

"싫소."

"사내가 죽는 것이 그렇게 무섭소? 깨끗하게 죽으시오."

"싫소. 끝까지 살겠소."

"황제에게 직언하는 것을 주저하지 않던 자네가 왜 목숨에 연연하는 것인가."

"앞으로 오랜 시간이 지난 후 10년 15년이 지난 후 말하리다."

"아니 그때까지 살아있겠다는 말인가. 내가 사람을 잘못 보았군."

그리고 몇 년 후 임안 장군은 누명을 쓰고 역적으로 몰려서 사형을 당하게 되었다. 그가 죽기 전에 사마천이 그의 감옥에 몰래 찾아

왔다.

"아니 사마천이 이 감옥까지 웬일이시오."

"마지막으로 만나고 싶었습니다. "

"난 사내답게 죽겠소, 당신처럼 그렇게 연명하지 않는 단 말이오."

"보시오 임안 장군 내가 왜 연명하고 사는 지 아시오? 나는 살아서 역사를 쓸 것이오. 이 나라의 간신배들이 어떻게 나라를 망쳐 놓고, 황제가 어떻게 어리석었으며, 백성들이 어떻게 나라의 앞날을 걱정하며 열심히 살았는지, 나는 분명 살아서 모든 것을 역사에 남길 것이요. 난 살아서 수치스러웠지만, 이 나라의 어리석은 지도자들은 역사 속에서 두고두고 지탄을 받을 것이오."

이 말을 들은 임안 장군은 기쁨의 눈물을 흘리며 형장으로 갔습니다. 그리고 사마천은 훗날 역사서를 완성하였는데 그 책이 바로 유명한 〈사기〉입니다.

166
형제의 무덤

빈센트와 그의 동생 테오의 묘는 함께 나란히 누워 있습니다. 부부의 묘가 나란히 놓여있는 것은 흔히 볼 수 있지만, 형제의 묘가 나란히 놓여 있는 것을 보기는 쉽지 않습니다. 나란히 놓여있는 이 형제의 묘는 살아있을 동안 이들이 나누었을 형제애가 어떠했는지를 잘 보여주는 것입니다.

빈센트의 그림은 너무 독특해서 아무도 그의 그림을 인정해 주지 않았습니다. 하지만 동생 테오만은 형의 재능을 이해해 주었습니다. 그뿐만 아니라 테오는 자신이 화방에서 일해 번 돈으로 형이 그림을 그릴 수 있도록 생활비를 대 주었고, 형이 아플 때면 모든 일을 제쳐 놓고 달려와 형을 돌보았습니다.

테오가 이렇듯 형에게 헌신적인 사랑을 베푼 이유는 형에게서 맑고 순수한 영혼을 발견할 수 있었기 때문입니다. 자신은 예술가의 그림을 파는 장사꾼에 지나지 않지만, 형은 예술을 하는 사람이라고 믿었습니다. 그래서 형의 그림을 보고, 형과 예술에 대해 이야기하면서 테오는 행복을 느낄 수 있었습니다.

테오가 형을 얼마나 존경했는지는 자기 아들의 이름을 빈센트라고 지은 데서도 잘 알 수 있습니다. 형을 위해 헌신적인 삶을 살았던 테오는 형이 37세의 나이로 세상을 떠난 뒤, 형의 작품을 전시하고 세상에 알리는 일을 하다 여섯 달 만에 형의 뒤를 따라 세상을 떠나게 됩니다. 삶을 함께 했던 형제는 죽음마저 함께 한 것입니다.

167

공자의 후회

공자가 제자들과 함께 채나라로 가던 도중 양식이 떨어져 채소만 먹으며 일주일을 버텼다. 걷기에도 지친 그들은 어느 마을에서 잠시 쉬어 가기로 했다. 그 사이 공자가 깜박 잠이 들었는데 제자인 안회는 몰래 빠져 나가 쌀을 구해 와 밥을 지었다.

밥이 다 될 무렵 공자가 잠에서 깨어났다. 공자는 코끝을 스치는 밥 냄새에 밖을 내다봤는데 마침 안회가 밥솥의 뚜껑을 열고 밥을 한 움큼 집어 먹고 있는 중이었다.

'안회는 평상시에 내가 먼저 먹지 않은 음식에는 수저도 대지 않았는데 이것이 웬일일까? 지금까지 안회의 모습이 거짓이었을까?'

그때 안회가 밥상을 공자 앞에 내려놓았다. 공자는 안회를 어떻게 가르칠까 생각하다가 한 가지 방법이 떠올랐다.

"안회야, 내가 방금 꿈속에서 선친을 뵈었는데, 밥이 되거든 먼저 조상에게 제사 지내라고 하더구나."

공자는 제사 음식은 깨끗하고 아무도 손을 대지 않아야 한다는 것을 안회도 알기 때문에 그가 먼저 밥을 먹은 것을 뉘우치게 하려 했던 것이다. 그런데 안회의 대답은 오히려 공자를 부끄럽게 했다.

"스승님, 이 밥으로 제사를 지낼 수는 없습니다. 제가 뚜껑을 연 순간 천장에서 흙덩이가 떨어졌습니다. 스승님께 드리자니 더럽고, 버리자니 아까워서 제가 그 부분을 이미 먹었습니다."

공자는 잠시 안회를 의심한 것을 후회하며 다른 제자들에게 이렇게 말했다.

"예전에 나는 나의 눈을 믿었다. 그러나 나의 눈도 완전히 믿을 것이 못 되는구나. 예전에 나는 나의 머리를 믿었다. 그러나 나의 머리도 역시 완전히 믿을 것이 못 되는구나. 너희들은 알아 두어라. 한 사람을 이해한다는 것은 진정으로 어려운 일이라는 것을 말이다."

168
푸슈킨의 일화

러시아의 위대한 시인 푸슈킨은 젊었을 때 어느 공작의 가정 무도
회에 참석한 적이 있었다. 그는 한 아가씨에게 춤을 요청했는데, 그
아가씨는 아주 야윈 푸슈킨을 보고 오만하게 말했다.

"저는 어린이와 함께 춤을 출 수 없어요."

푸슈킨은 공손하게 물러서면서 말했다.

"아, 미안합니다. 아가씨가 임신 중인 줄 몰랐습니다."

아가씨는 얼굴이 새빨개져서 아무 말도 하지 못했다.

169
보이지 않을 뿐

아소카 대왕은 인도를 최초로 통일시킨 사람이다. 그에게는 방탕
한 동생이 있었는데, 어느 날 동생이 국법을 어기자 그가 말했다.

"일주일 뒤에 너를 사형시키겠다. 그러나 특별히 너를 불쌍히 여겨

일주일 동안만이라도 왕처럼 즐길 수 있도록 배려하겠노라."

왕은 곧 후궁들로 하여금 동생을 시중들게 하는 한편 좋은 음식을 원하는 대로 주었다. 그런데 동생이 산해진미와 여자들을 즐기는 동안 험악하게 생긴 장사가 예리한 칼을 빼 들고 서서 매일같이 외쳤다.

"죽을 날이 6일 남았소이다."

"죽을 날이 5일 남았소이다."

이렇게 매일같이 죽을 날을 헤아리자 동생은 하루하루가 지날수록 불안감이 더해갔다. 마침내 사형을 집행할 날이 되었다. 그러자 장사는 또 외쳤다.

"죽을 때가 열두 시간 남았소이다."

이렇게 한 시간 간격으로 차례차례 헤아려 사형집행 시간이 되었다. 마침내 아소카 대왕은 동생을 불러 물었다.

"그래, 일주일 동안 잘 즐겼느냐?"

"저 장사가 험악한 표정으로 눈을 부릅뜨고 날짜를 세고 있는데 어찌 즐길 수가 있겠습니까?"

그러자 아소카 대왕이 대답했다.

"동생아, 다만 장사가 눈에 보이느냐 보이지 않느냐의 차이가 있을 뿐, 누구나 저승사자가 곁에 서서 죽을 날을 헤아리고 있단다. 그러니 어찌 한 시간인들 헛되이 보낼 수 있겠느냐."

발렌타인

발렌타인은 고대 로마에 살았던 한 젊은 그리스도인의 이름입니다. 많은 초대교인들처럼 발렌타인은 그의 신앙 때문에 투옥되었습니다. 그는 자주 깊이 사랑하는 자들을 생각했고, 그 자신의 안녕과 그들을 향한 사랑을 알리기를 원했습니다. 그의 감옥 독방 창문 너머, 손이 닿지 않는 한 곳에 제비꽃이 만발해 있었습니다. 그는 몇 개의 하트 모양의 잎들을 뜯어 구멍을 뚫어서 "발렌타인을 기억해 주십시오"라는 말을 만들었습니다. 그리고 그것을 사랑하는 자들에게 보냈습니다.

다음날 또 다음날 계속하여 그는 더 많은 메시지들을 보냈는데 "나는 당신을 사랑합니다"라는 내용의 메시지였습니다. 이것이 기반이 되어 시작된 성 발렌타인 데이는 모든 사람들이 그들의 사랑하는 이에게 사랑을 전하는 날이 되었습니다. 하나님은 우리를 사랑하시어 그의 사랑을 보여 주시려고 많은 축복을 우리에게 허락하셨습니다.

PART
18

희 망

두 가지 만남

많은 사람을 태우고 바다를 건너던 배가 갑자기 불어오는 거센 폭풍우를 만나고 말았습니다. 비바람에 흔들리던 배는 그만 뒤집히려는 듯 요동을 치기 시작했습니다. 그러자 배 안의 사람들은 모두 살려달라고 아우성을 쳤습니다.

그런데 그중 노인 한 사람은 아주 평화로운 얼굴로 기도를 드리는 게 아니겠습니까? 사람들이 그에게 물었습니다. 지금 배가 뒤집혀 다 죽게 되었는데 당신은 두렵지 않느냐고. 그 노인이 조용히 대답했습니다.

"아니요, 나에게는 딸이 둘 있습니다. 큰 딸은 몇 년 전에 잃고, 지금은 작은 딸을 찾아가고 있는 길입니다. 만약 이 배가 뒤집혀 죽게 되면 천국에 있는 큰 딸을 먼저 만나게 될 것이고, 다행히 배가 무사히 항구에 닿게 되면 작은 딸을 먼저 만나게 될 것입니다. 이런 만남의 소망을 가지고 있으니 두려울 게 없군요."

애인이 선물한 대장 계급장

2차 대전 당시 미국의 태평양 함대 사령관이었던 니미츠는 탁월한

행정가이자 전략가였다. 그가 소위로 근무할 때의 일이다. 어느 날 니미츠가 근무하는 함대에 중요한 행사가 열렸다. 그 행사에 참석하기 위해 해군 대장이 함대를 방문했는데, 갑자기 계급장이 망가져서 사용할 수 없게 되었다. 당황한 해군 대장은 어쩔 줄 몰라 고민하다가 전 함대에 급히 전보를 쳤다.

"대장 계급장을 가지고 있는 자는 즉시 신고할 것."

그러나 해군 대장은 그 함대에 대장급 장군이 없는 것을 알고 있던 터라 전보를 치면서도 큰 기대는 하지 않았다. 결국 해군 대장은 계급장 없이 그럭저럭 행사를 끝냈다. 그런데 뒤늦게 작은 함정에서 대장 계급장이 있다는 연락이 왔다. 비록 행사는 끝났지만 해군 대장은 도대체 누가 대장 계급장을 가지고 있는지 궁금해졌다. 그는 당장 계급장을 갖고 있다는 군인을 불렀다. 그러자 햇병아리 소위 니미츠가 나타났다. 대장은 어리둥절한 표정으로 니미츠에게 물었다.

"아니. 소위인 자네가 어떻게 대장 계급장을 갖고 있었나?"

그러자 니미츠는 좀 멋쩍은 표정을 짓더니 곧 당당하게 대답했다.

"예! 제가 소위로 임관할 때 애인에게서 선물로 받은 것입니다."

니미츠의 자신감 있는 태도가 마음에 든 대장은 그를 격려했다.

"정말 대단한 애인을 두었군. 열심히 노력해서 꼭 대장이 되도록 하게."

그 뒤 니미츠는 헌신적인 노력 끝에 많은 공을 세웠고, 마침내 대장으로 승진했다. 그리고 그에게 대장 계급장을 선물했던 그의 애인은 니미츠 대장의 부인이 되었다.

173
뉴욕의 택시 기사

어떤 두 사람이 뉴욕에 도착하였습니다. 뉴욕은 연일 무더운 날씨로 푹푹 찌고 있었습니다. 그날따라 뉴욕의 거리는 차들로 가득 차 있고, 교통체증은 풀릴 기색을 보이지 않았습니다. 두 사람은 택시를 타고 목적지를 가고 있었습니다. 택시 기사는 교통체증에 대해 매우 화가 나 있었으며, 양보 운전은 고사하고 주변의 모든 것들에 욕설을 퍼붓고 있었으며, 운전은 날로 거칠어 가고 있었습니다. 계속된 난폭 운전이 계속되자 한사람이 기사에게 말했습니다.

"참 고생이 많으시네요. 힘드시죠?"

순간 기사는 뜻밖의 말을 들은 듯 놀란 표정을 지었습니다. 대개의 경우 난폭 운전에 대한 항의나 교통체증에 대한 욕설을 듣기 때문입니다. 그 사람은 다시 물었습니다.

"운전을 참 잘하시네요. 당신같이 운전을 잘하는 기사님은 처음 봅니다."

그 기사의 얼굴이 점차 풀어지기 시작했습니다.

"이런 복작한 도시를 헤집고 다니면서 운전을 한다는 일은 보통일이 아니죠. 정말 대단하십니다."

그 사람의 칭찬은 계속 되었습니다. 처음 이 사람이 왜 이러나 했던 기사는 점차 마음이 녹아서 미소를 짓기 시작했습니다. 그 사람이 또 이야기했습니다.

"가끔 힘드실 때 어디서 쉬시지요?"

기사가 드디어 말을 열었습니다.

"저 강변에 가끔 간다오. 저녁노을이 그만이지요. 그 앞에서 파는 핫도그도 그만이지요. 오늘 저녁에 한번 가야겠어요."

이윽고 기사는 콧노래까지 부르면서, 지나가던 같은 택시운전사에게 손 인사를 건네고, 다른 차에게 차선을 양보하기도 했습니다. 목적지에 도착해서 두 사람은 내렸습니다. 다른 한 사람이 물었습니다.

"뭐 하러 그렇게 기사에게 칭찬을 하나?"

"응. 난 뉴욕을 변화시켰다네."

"자네 한사람이 그런 말을 한다고 뉴욕이 변하겠나?"

"돈이 들지도 않았고, 힘이 든 것도 아니네. 우리들 마음도 즐거워지지 않았나? 그리고 그 기사의 택시를 타는 손님들의 뉴욕도 변화되겠지."

174
처칠의 졸업식 축사

영국의 뛰어난 정치가이자 웅변가인 윈스턴 처칠은 2차 세계대전 중에 위대한 국가 지도자로 활약했을 뿐만 아니라 많은 강연과 훌륭한 저술을 써서 노벨 문학상을 수상하기도 했다.

어느 날 그는 명문 옥스포드 대학에서 졸업식 축사를 하게 되었다.

그는 위엄 있는 차림으로 담배를 입에 물고 식장에 나타났다. 처칠은 열광적인 환영을 받으며 천천히 모자와 담배를 연단에 내려놓았다. 그리고는 청중들을 바라보았다. 모두들 숨을 죽이고 그의 입에서 나올 근사한 축사를 기대했다. 드디어 그가 입을 열었다.

"포기하지 마라!"

그는 힘 있는 목소리로 첫마디를 뗐다. 그리고 다시 청중들을 천천히 둘러보았다. 청중들은 그의 다음 말을 기다렸다. 그때였다.

"절대로 포기하지 마라!"

처칠은 다시 한 번 큰 소리로 이렇게 외쳤다. 더 이상 아무 말도 하지 않고 다시 모자를 쓰고는 연단을 걸어 내려왔다. 그것이 졸업식 축사의 전부였다.

175

불가사리

멕시코의 어느 한적한 해변에서 붉게 황혼이 물들어가는 한적한 해변을 어떤 사람이 걷고 있었습니다. 한참을 걷다 보니 어떤 멕시코 원주민 노인이 계속 끊임없이 바다를 향해 무엇인가를 던지고 있었습니다. 가까이 가보니 그 노인은 파도에 떠내려 온 불가사리들을 한 마리씩 주워서 바다를 향해 던지는 것이었습니다.

"안녕하세요. 할아버지 지금 무엇을 하는 거예요?"

"지금은 썰물이라서 파도에 밀려온 불가사리를 바다에 보내지 않
으면 뜨거운 햇볕에 곧 말라죽게 된다오."

"그건 저도 압니다만, 이 해변에 수천마리가 넘는 불가사리가 널려
있습니다. 그것을 다 돌려보내는 것은 불가능한 일이잖아요. 매일 이
해변에는 수천 마리의 불가사리가 떠내려 와 죽고, 또 멕시코전체로
보면 매일 수만 마리가 죽지요. 할아버지가 이런 일을 한다고 무슨
차이가 있지요?"

그러자 할아버지는 조용하게 몸을 굽혀 불가사리 한 마리를 집어
올리며 바다로 멀리 던졌습니다. 그러시며 이렇게 말했습니다.

"지금 저 한 마리에게는 아주 큰 차이가 있지."

176
자전거

어떤 사람이 멋있게 생긴 자전거를 닦고 있는데 한 소년이 다가와
호기심 어린 눈으로 구경하고 있었다. 자전거 주인에게 슬며시 물었
다.

"아저씨, 이 자전거 꽤 비싸게 주고 사셨지요?"

그러자, 자전거 주인이 슬쩍 미소를 지으며 대답했다.

"아니, 이 자전거는 형님이 나에게 주신 거란다."

그 말이 끝나자마자 소년은 부럽다는 눈치를 보이면서, "저도..."라

는 말을 하는 것이었다. 그때 자전거 주인은, 당연히 그 소년이 자신도 그런 형이 있어서 이런 자전거를 받았으면 좋겠다고 말할 줄 알았다. 그런데 뜻밖에도 그 소년의 다음 말은, "저도 그런 형이 되었으면 좋겠어요. 우리 집에는 심장이 약한 제 동생이 있는데, 그 애는 조금만 뛰어도 숨을 헐떡여요. 저도 제 동생에게 이런 멋진 자전거를 주고 싶어요."

177
에우로파

목성의 많은 위성 중에 '에우로파' 라는 위성이 있답니다. 크기는 달과 비슷한데, 특이한 것은 표면이 100Km의 얼음으로 덮여있습니다.

달은 운석이 많이 부딪히기 때문에 표면이 곰보처럼 많은 상처가 있지만, 에우로파는 당구공처럼 표면이 매끄럽답니다.

운석이 다 비켜가서 일까요? 그게 아니라, 운석이 부딪히면 열이 발생하고, 그 열로 인해 얼음이 녹고, 다시 얼음의 냉기로 인해 얼음으로 변하기 때문이랍니다.

그러니까 운석이 부딪혀도 어느 정도 시간이 경과하면, 무슨 일이 있었냐는 듯이 본래의 모습으로 돌아가는 것입니다.

힘들고 지칠 때는 스스로 치유하고 자정 능력을 갖고 있는 얼음별 에우로파를 생각하세요. 운석으로 인해 더욱 매끄러운 위성이 밤하늘에 있다는 것을 떠올려 보세요.

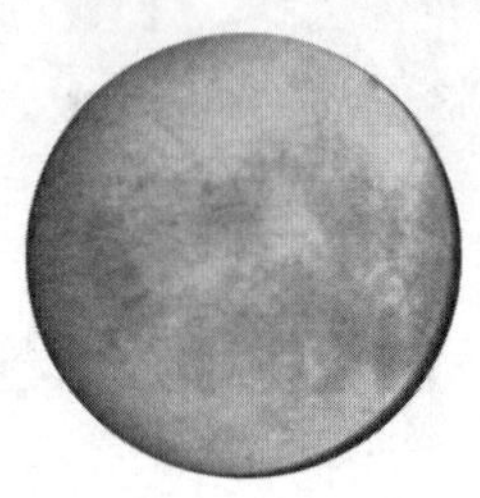

178
독수리의 비전

어느 시골 농부가 우연히 독수리 새끼를 잡게 되었는데, 그는 그것을 닭장에 넣어두었다. 그리하여 독수리 새끼는 닭들과 함께 자라게 되었고, 닭장의 생활방식과 환경에 적응하여 평범한 닭이 되고 말았다. 어느 날 동물보호 운동을 전개하던 어떤 사람이 농장을 지나다가 독수리 새끼를 보고 이렇게 말했다.

"아니, 저 녀석은 닭이 아니라 독수리군요."

농부는 대답했다.

"그렇기는 하지만 이젠 더 이상 독수리가 아닙니다. 녀석은 완전히 닭이 되어 버렸어요. 닭처럼 모이를 먹고 닭처럼 행동을 하거든요. 저 독수리는 절대로 날지 못할 겁니다."

하지만 동물보호자는 농부의 말이 사실인지 아닌지 실험해 보고 싶었다. 그래서 독수리를 공중에 날려 보았다. 그러나 동물보호자가 아무리 독수리를 날려 보려고 애를 써도 독수리는 날지 못했다.

어느 날 동물보호자는 해가 떠오를 때 독수리를 높은 산꼭대기로 데려갔다. 그리고 산꼭대기에서 그 독수리는 자기와 똑같이 생긴 다른 독수리가 우아하게 하늘을 날고 있는 모습을 보게 되었다. 그제야 독수리는 자기가 닭과 다르다는 사실을 깨달았고 하늘을 날 수 있게 되었다. 독수리는 거친 울음소리를 내며 동물보호자의 팔에서 날아올랐다. 그리고 마침내 하늘 저편으로 사라져버렸다.

독수리는 닭들과 함께 사는 동안 전혀 날 수가 없었다. 하지만 자기가 독수리라는 사실과 날 수 있다는 비전을 갖게 되자 하늘 높이 날아오를 수 있었다. 우리도 마찬가지이다. 자신의 삶에 대한 비전을 개발시키면 누구든 높은 곳에 다다를 수 있는 능력을 가질 수 있는 것이다. 비전은 세상의 현재 모습이 아니라 미래의 가능성을 볼 수 있게 해준다.

희망이라는 선물

어느 병실에 자전거를 타고 달리다가 교통사고를 당한 몰리라는 어린 소녀가 있었다. 몰리는 그 사고로 다리를 심하게 다쳤는데 몇 번에 걸친 대수술을 받았음에도 불구하고 다시는 걸을 수 없게 될 가능성이 높았다. 몰리는 점점 시무룩해지면서 의료진들의 말조차 듣지 않았으며 온종일 떼를 쓰며 우는 게 일이었다.

그 소녀가 유일하게 밝은 표정으로 초롱초롱한 눈망울을 보일 때는 바로 아침 우편물이 도착하는 시각이었다. 소녀가 받은 선물은 침상에 누워 있어야 하는 어린이들을 위한 책들이나 게임기, 동물 인형들이 대부분이었다.

그런 어느 날. 멀리 있는 친척 아주머니로부터 몰리에게 이상한 선물이 배달되어 왔다. 몰리는 잔뜩 기대하고 선물 포장을 뜯었다. 상자 속에서는 반짝반짝 빛나는 검정색 가죽 구두가 나왔다. 병실에 있던 간호사들은 몰리가 들리지 않게 작은 소리로 저희들끼리 소곤거렸다.

"걷지도 못하는 아이에게 저런 선물을 보내다니 눈치코치도 없는 어른이야."

하지만 몰리는 간호사들의 말에는 아랑곳하지 않는 눈치였다. 몰리는 구두 선물을 받은 날부터 구두 속에 양손을 끼워 놓고는 담요 위에서 이리저리 '걷는' 연습을 하기 시작했다. 그날부터 아이의 태도는 눈에 뜨게 달라졌다. 소녀는 간호사들에게 협조적이 되었으며 얼마 지나지 않아 물리치료에도 응하게 되었다. 그리고 더 좋은 소식은 몰리가 그 반짝이는 새 구두를 신고 제 발로 병원을 걸어 나갔다는 것이다.

180
심사숙고

어느 작은 마을에서 생긴 일이다. 장난감 가게 주인에게 속상한 일이 생겼다. 장사가 잘되기로 소문난 이 가게 바로 왼쪽 옆에 다른 장난감 가게가 들어선 것이다. 새로 문을 연 가게는 커다란 간판을 내걸었다.

'최상품 취급'

며칠 후, 이번엔 오른쪽에 또 다른 장난감 가게가 문을 열었다. 그 가게도 커다란 간판을 내걸었다.

'최저가격 보장'

졸지에 두 가게 중간에 끼이게 된 주인은 며칠 밤을 고민했다. 그리고 커다란 간판을 내걸었다.

'출입구'

PART
19
교훈

회색 담벼락

중병에 걸린 두 사람이 있었다. 둘은 큰 병원의 같은 병실에 입원했다. 병실은 아주 작았고 바깥세상을 내다볼 수 있는 창문이 하나 있었다. 그 중 한사람은 치료의 과정으로 오후에 한 시간씩 침대 위에 일어나 앉도록 허락을 받았다. 폐에서 어떤 용액을 받아내기 위해서였다. 그는 침대가 창가에 있었기 때문에 일어나 앉을 때마다 바깥 풍경을 내다볼 수 있었다. 하지만 다른 환자는 하루 종일 침대에 꼼짝없이 누워 있어야만 했다.

매일 오후 정해진 시간이 되면 창가의 환자는 침대에 일어나 앉아 바깥을 내다보았다. 그는 바깥 풍경을 맞은 편 환자에게 일일이 설명하면서 시간을 보내곤 했다. 창을 통해 호수가 있는 공원이 내다보이는 모양이었다. 호수에는 오리와 백조들이 떠다니고, 아이들이 와서 모이를 던져 주거나 모형 배를 띄우며 놀고 있었다. 젊은 연인들은 손을 잡고 나무 아래를 산책하고, 여러 꽃과 식물이 주위에 많았다. 이따금 공놀이가 벌어지기도 했다. 그리고 나무들 너머 저편으로는 도시의 스카이라인이 선명하게 보이기도 하는 모양이었다.

누워있는 환자는 창가의 환자가 이 모든 풍경을 설명해 줄 때마다 즐겁게 들었다. 한 아이가 어떻게 해서 호수에 빠질 뻔했는지도 듣고, 대단히 매력적인 아가씨들이 여름옷을 입고 활기차게 걸어가는 이야기도 들었다. 창가의 환자가 어찌나 생생히 묘사를 잘하는지 그는 마치 지금 바깥 풍경을 내다보고 있는 듯한 착각이 들곤 했다.

그러던 어느 오후, 한 가지 생각이 그를 사로잡았다. 왜 창가에 있는 저 사람만 이 특권을 누리고 있는가? 왜 저 사람 혼자서 바깥을 내다보는 즐거움을 독차지하고 있는가? 왜 자신에게는 기회가 돌아오지 않는가? 그는 이런 생각을 하는 자신이 부끄러웠지만 그 생각을 떨쳐버리려고 할수록 점점 더 창가에 있는 환자에게 질투가 났다. 침대의 위치를 바꿀 수만 있다면 무슨 일이든 하고 싶었다.

어느 날 밤이었다. 그가 천정을 바라보며 누워있는데 창가의 환자가 갑자기 기침을 하면서 숨을 몰아쉬기 시작했다. 그리고 손을 버둥거리며 간호사 호출버튼을 찾는 것이었다. 갑자기 병세가 악화된 것이 분명했다. 그는 당연히 그 환자를 도와 비상벨을 눌러주었어야 함에도 불구하고 가만히 지켜보기만 했다. 그 환자의 숨이 완전히 멎을 때까지도.

아침에 간호사는 창가의 환자가 숨져 있는 것을 발견했다. 그리고 조용히 시신을 치워갔다. 적절한 시기가 되자 그는 창가 쪽으로 침대를 옮기고 싶다고 간호사에게 요청했다. 병원직원들이 조심스럽게 그를 들어 창가 쪽 침대로 옮겨 주었다. 그리고 편안히 누울 수 있도록 자리를 마련해 주었다. 직원들이 병실을 나가자마자 그는 안간힘을 다해 침대에서 몸을 일으켰다. 통증이 느껴졌지만 팔꿈치를 괴고 간신히 상체를 세울 수가 있었다. 그는 얼른 창밖을 내다보았다. 창밖에는 아무 것도 없었다. 맞은 편 건물의 회색 담벼락이 가로막고 있었다.

당신의 가치

명강사로 소문난 사람이 있었습니다. 수많은 사람이 모인 세미나에서 그 강사가 열변을 토하고 있었습니다. 그러다 그 강사는 갑자기 호주머니에서 100달러짜리 지폐 한 장을 높이 쳐들고 말했습니다.

"여러분 이 돈을 갖고 싶지요? 어디 이 돈을 갖고 싶은 사람 손들어 보세요."

그러자 세미나에 참석한 그 수많은 사람들 대부분이 손을 들었습니다. 강사는 계속해서 말을 이었습니다.

"저는 여러분 중 한 사람에게 이 돈을 드릴 생각입니다. 하지만 먼저 저의 손을 주목해 주시기 바랍니다."

그러더니 갑자기 쳐들었던 100달러 지폐를 손으로 이리저리 마구 구겼습니다.

"여러분 아직도 이 돈을 가지기 원하십니까?"

사람들은 갑작스러운 강사의 그 행동에 놀라면서도 역시 거의 모든 사람이 손을 들었습니다.

"좋아요."

그러더니 이번에는 그 100달러 지폐를 땅바닥에 던지더니 구둣발로 밟으며 더럽혔습니다. 그리고 땅바닥에 떨어져있는 구겨지고 더러워진 그 100달러 지폐를 집어 들고, 아직도 그 돈을 갖고 싶은지를 물었습니다. 또 다시 거의 대부분의 사람들이 손을 들었습니다. 이때

강사는 힘찬 어조로 다음과 같은 결론을 내렸습니다.

"제가 아무리 100달러를 마구 구기고 발로 짓밟고 더럽게 했을지라도 그 가치는 전혀 줄어들지 않습니다. 100달러짜리 지폐는 항상 100달러의 가치가 있는 것입니다. 여러분도 인생이라는 무대에서는 여러 번 바닥에 떨어지고, 밟히며, 더러워지는 일이 있습니다. 실패라는 이름으로, 또는 패배라는 이름으로 겪게 되는 그 아픔들, 그런 아픔을 겪게 되면 사람들은 대부분 자신이 쓸모없는 사람이라고 평가절하 합니다. 허나 놀라운 사실은 당신이 실패를 하는 한이 있더라도 '당신의 가치'는 여전하다는 것입니다. 마치 구겨지고 짓밟혀도 여전히 자신의 가치를 가지고 있는 이 지폐처럼 말입니다."

183
빌 게이츠의 충고

마이크로사의 빌 게이츠가 마운틴 휘트니(Mt. Whitney) 고등학교를 방문하고 사회에 첫발을 내딛기 시작하는 학생들에게 참고가 될 조언을 들려주었다.

　인생이란 원래 공평하지 못하다. 그런 현실에 대하여 불평할 생각하지 말고 받아들여라.

　세상은 네 자신이 어떻게 생각하든 상관하지 않는다. 세상이 너희들한테 기대하는 것은 네가 스스로 만족하다고 느끼기 전에 무엇인가를 성취해서 보여줄 것을 기다리고 있다.

　대학교육을 받지 않는 상태에서 연봉이 4만 달러가 될 것이라고는 상상도 하지 말라.

　학교선생님이 까다롭다고 생각되거든 사회 나와서 직장 상사의 진짜 까다로운 맛을 한번 느껴봐라.

　햄버거 가게에서 일하는 것을 수치스럽게 생각하지 마라. 너희 할아버지는 그 일을 기회라고 생각하였다.

　네 인생을 네가 망치고 있으면서 부모 탓을 하지 마라. 불평만 일삼을 것이 아니라 잘못한 것에서 교훈을 얻어라.

　학교는 승자나 패자를 뚜렷이 가리지 않을지 모른다. 어떤 학교에서는 낙제제도를 아예 없애고 쉽게 가르치고 있다는 것을 잘 안다. 그러나 사회 현실은 이와 다르다는 것을 명심하라.

　인생은 학기처럼 구분되어 있지도 않고 여름 방학이란 것은 아예 있지도 않다. 네가 스스로 알아서 하지 않으면 직장에서는 가르쳐주지 않는다.

　TV는 현실이 아니다. 현실에서는 커피를 마셨으면 일을 시작하는 것이 옳다.

　공부 밖에 할 줄 모르는 '바보'에게 잘 보여라. 사회 나온 다음에는 아마 그 바보 밑에서 일하게 될지 모른다.

184
욕망과 만족 사이

　가난이 인간에게 가해지는 무서운 채찍인 것처럼, 권태 또한 우리의 삶에 가해지는 또한 하나의 형벌이다. 모든 인간생활은 오직 욕망과 만족 사이를 서성이고 있을 뿐이다.

　본질적으로 욕망은 고통이며, 욕망을 충족시키면 곧 싫증이 난다. 목표라는 것은 일시적인 것에 지나지 않는다. 원하던 것을 손에 넣게 되면 이미 자극은 없어져 버리고 새로운 형태의 욕망이 다시 고개를 쳐든다. 이때 새로운 욕망이 일어나지 않으면 쓸쓸한 공허감, 권태가 생기며 이것을 물리치는 것은 곤궁과 싸우는 것 못지않게 어려운 일이다.

　욕망과 만족사이의 시간이 아주 짧지도 않고 혹은 너무 길지도 않은 상태에서 계속 반복될 경우에는 고통이 적어진다. 그리고 욕망과 만족의 양이 적절하면 가장 행복한 생애가 이루어진다.

밤톨만한 영혼

할머니는 사람들은 누구나 두 개의 마음을 갖고 있다고 하셨다. 하나의 마음은 몸이 살아가는 데 필요한 것들을 꾸려가는 마음이다. 몸을 위해서 잠자리나 먹을 것을 마련할 때는 이 마음을 써야 한다. 그리고 짝짓기를 하고 아이를 가지려 할 때도 이 마음을 써야 한다. 자기 몸이 살아가려면 누구나 이 마음을 가져야 한다. 그런데 우리에게는 이런 것들과 전혀 관계없는 또 다른 마음이 있다.

할머니는 이 마음을 영혼의 마음이라고 부르셨다. 만일 몸을 꾸려가는 마음이 욕심을 부리고 교활한 생각을 하거나 다른 사람 해칠 일만 생각하고 다른 사람을 이용해서 이익 볼 생각만 하고 있으면, 영혼의 마음은 점점 졸아들어서 밤톨보다 더 작아지게 된다고 하셨다.

몸이 죽으면 몸을 꾸려가는 마음도 함께 죽는다. 하지만 다른 모든 것이 다 없어져도 영혼의 마음만은 남아 있다. 그래서 평생 욕심 부리면서 살아온 사람은 죽고 나면 밤톨만한 영혼밖에 남지 않게 된다. 사람은 누구나 다 다시 태어나게 되는데, 그런 사람이 다시 세상에 태어날 때에는 밤톨만한 영혼만을 갖고 태어나게 되어 세상의 어떤 것도 이해할 수 없게 된다. 몸을 꾸려가는 마음이 그보다 더 커지면, 영혼의 마음은 땅콩 만하게 줄어들었다가 결국에는 그것마저도 완전히 사라지고 만다. 말하자면 영혼의 마음을 완전히 잃게 되는 것이다.

그런 사람들은 살아 있어도 죽은 사람이 되고 만다. 할머니는 어디서나 쉽게 죽은 사람들을 찾아낼 수 있다고 하셨다. 다른 사람에게서 나쁜 것만 찾아내는 사람, 나무를 봐도 아름답다고 여기지 않고 목재와 돈으로만 보는 사람, 이런 사람들이 죽은 사람들이다.

할머니 말씀에 따르면 그런 사람들은 걸어 다니는 죽은 사람들이다. 영혼의 마음은 근육과 비슷해서 쓰면 쓸수록 더 커지고 강해진다. 마음을 더 크고 튼튼하게 가꿀 수 있는 비결은 오직 한 가지, 상대를 이해하는 데 마음을 쓰는 것뿐이다. 게다가 몸을 꾸려가는 마음이 욕심 부리는 것을 그만두지 않으면 영혼의 마음으로 가는 문은 절대 열리지 않는다. 욕심을 부리지 않아야 비로소 이해라는 것을 할 수 있기 때문이다. 반대로 이해하려고 노력하면 영혼의 마음도 더 커진다.

할머니는 이해와 사랑은 당연히 같은 것이라고 하셨다. 이해하지도 못하면서 사랑하는 체하는 사람들이 있긴 하지만, 그런 사랑은 진정한 사랑이 아니라고 하시면서. 그 말을 듣고 나는 모든 사람을 잘 이해하기로 마음먹었다. 밤톨만한 영혼을 갖고 싶지는 않았기 때문이다.

- 〈내 영혼의 따뜻했던 날들〉 중에서 -

생각의 차이

한 어머니가 L.A.에 가 있는 딸의 집에 다니러 갔습니다. 그 어머니는 아침에 깜짝 놀랄 일을 보았습니다.

딸은 자고 있는데 사위가 일찍 일어나 혼자 아침식사를 해먹고, 샌드위치 도시락을 싸가지고 출근하는 것이었습니다. 자기의 기특한 딸을 아껴주는 그 사위가 대견스럽게 보였습니다.

그런데 다음 날은 샌프란시스코에 있는 아들네 집에 갔다가 다시한 번 놀랐습니다. 아침이 되니 며느리는 꼴도 안 보이고, 금이야 옥이야 받들어 키워서 미국 유학까지 시켰던 아들이 궁상맞게 제 손으로 아침을 지어먹고 샌드위치 도시락을 싸들고 출근하는 모습을 보았던 것입니다. 그런 아들이 측은하게도 보였고, 한편 며느리가 괘씸하게 느껴졌습니다.

똑같은 모습을 보면서 정반대의 생각을 하는 어머니. 바로 우리의 일상적인 모습이 아닐 런지요.

187

도둑과 거울

한밤중에 도둑이 빈 집을 털고 있었습니다. 손전등을 비추며 정신없이 세간을 뒤지며 있을 때, 험상궂게 생긴 괴한이 불쑥 나타났습니다. 소스라치게 놀란 도둑은 반사적으로 칼을 뽑아 들었습니다. 그러자 괴한도 똑같은 자세를 취하며 노려보는 것이었습니다.

다음 순간 도둑은 그만 맥이 풀려 그 자리에 풀썩 주저앉고 말았습니다.

"저 놈이 나로구나 내가 괴한이로구나!"

도둑은 거울에 비친 자기 모습에 놀랐던 것입니다.

188
뒤늦은 후회

한 나이 많은 목수가 은퇴할 때가 되었습니다. 어느 날, 그는 자신의 고용주에게 일을 그만 두고 자신의 가족과 여생을 보내고 싶다고 말하였습니다. 고용주는 가족들의 생계가 걱정되어 극구 말렸지만, 목수는 여전히 일을 그만 두고 싶어 했습니다. 목수는 앞으로도 잘 살아갈 수 있다고 자신 있게 말하였습니다.

고용주는 훌륭한 일꾼을 잃게 되어 무척 유감이라고 말하고는 마지막으로 손수 집을 한 채 더 지어 줄 수 있는지 물었습니다. 목수는 '물론입니다' 라고 대답했지만, 그의 마음은 이미 일에서 멀어져 있었습니다. 그는 형편없는 일꾼들을 급히 모으고는 조잡한 자재를 사용하여 집을 지었습니다.

집이 완성 되었을 때, 고용주가 집을 보러 왔습니다. 그러나 그는 집을 보는 대신, 목수에게 현관 열쇠를 쥐어주면서 "이것은 당신의 집입니다." 라고 말을 하는 것이었습니다. "오랫동안 당신이 저를 위해 일해 준 보답입니다."라는 말을 듣는 순간, 목수는 자신의 귀를 의심 했습니다. 그리고는 커다란 충격을 받았습니다.

만일 목수가 자신의 집을 짓는다는 사실을 알았더라면 아마도 그는 완전히 다른 방식으로 집을 지었을 것입니다. 100년이 지나도 수리를 할 필요가 없는 튼튼한 집을 지었을 것입니다. 그리고 그는 더 이상 수리할 필요가 없는 훌륭한 집에서 살 수 있었을 것입니다.

189
10년 젊어지는 비법

생각의 근육을 단련하라. 편안한 음악과 함께 하는 하루10분 명상은 두뇌를 젊게 유지하는 특효약이다.

걷기는 가장 경제적이고 효과적인 유산소 운동짧고 빠른 발걸음으로 하루 30분 이상, 일주일에 5회 이상 실천하자.

물만 제대로 잘 마셔도 보약. 하루 3번! 3컵씩 30초 동안 물을 마시자.

웃음은 부작용이 전혀 없는 행복한 바이러스다. 스트레스를 환한 웃음으로 바꾸면 몸이 건강해진다.

스포티와 심플을 패션 키워드로 기억하라. 화이트 셔츠, 블랙 티셔츠처럼 요란한 무늬와 장식이 없는 수수한 패션이 오히려 당신을 돋보이게 한다.

태양으로부터 자신을 보호하라. 자외선은 피부 노화에 치명적이다. 자외선 차단은 아무리 강조해도 부족하다

깨끗하고 촉촉한 피부 만들기에 투자하라. 가장 자주, 가장 좋은 것을 사야만 하는 화장품 두 가지는 자외선 차단제와 모이스쳐라이저다.

리모콘은 자녀에게 맡겨라. 그들이 즐겨보는 인기가요, 개그 프로그램은 당신의 트랜드 지수를 높여준다. 자주보면 모르는 사이에 마니아가 된다

대중문화에 대해 대화할 때, 듣지 말고 말하라. 취향이 맞지도 않는 것을 이해하겠다고 노력하느니 자기 취향을 노골적으로 드러내라.

첨단에 기죽지 말라. 디카폰, 뮤직 서치폰, 게임폰, MP3 사용법은 사실 요리보다 쉽다.

190
악마들의 낚시 대회

악마들의 우두머리가 악마들의 사기를 고취시키기 위하여 인간 낚시 대회를 열었다. 악마들은 서로 뒤질세라 앞 다투어 인간 세상으로 낚시질을 떠났다.

저녁때가 되어 낚시질을 떠났던 악마들이 낚시바구니를 들고서 돌아왔다. 우두머리 악마가 조황(釣況)을 조사하였다. 교만의 미끼를 쓴 악마도, 시기의 미끼를 쓴 악마도 조황이 제법 되었다.

그런데 놀라운지고! 한 악마의 낚시바구니에서는 세어도 세어도, 끝이 없이 인간들이 쏟아져 나오지 않은가. 우두머리 악마가 말했다.

"이번 낚시 대회의 대상은 말할 것도 없이 네 차지이다. 그런데 무슨 미끼를 썼길래 이렇게 많은 인간들을 낚아 왔느냐?

대상 수상자 악마가 대답하였다.

"포기라는 미끼를 썼습니다요. 너는 이미 늦었다. 너는 후회해도 이젠 안 된다. 너는 아무짝에도 쓸모없다. 이런 낚시밥을 썼더니 이렇게 많이 딸려 왔구먼요."

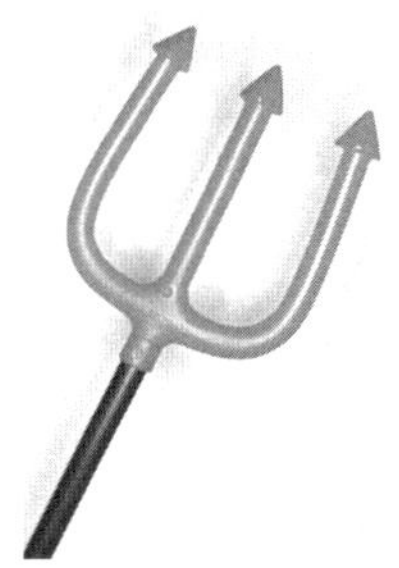

PART

20

명상

191
목욕탕 안의 한 사람

이솝이 어렸을 때의 이야기다. 이솝의 주인은 훌륭한 학자였다. 어느 날 주인이 말했다.

"얘, 이솝아, 목욕탕에 가서 사람이 많은지 보고 오너라."

이솝은 목욕탕으로 갔다. 그런데 목욕탕 문 앞에 끝이 뾰족한 큰 돌이 땅바닥에 박혀 있는 것이었다. 그래서 목욕탕으로 들어가는 사람이나 목욕하고 나오는 사람 모두가 그 돌에 걸려 넘어질 뻔했다. 어떤 사람은 발을 다치기도 하고 어떤 사람은 코가 깨질 뻔했다.

"에잇! 빌어먹을."

사람들은 돌에 대고 욕을 퍼부었다. 그러면서도 누구 하나 그 돌을 치우는 사람이 없었다.

'사람들도 한심하지. 어디, 누가 저 돌을 치우는가 지켜봐야지.'

이솝은 목욕탕에서 그것만 지켜보고 있었다.

"에잇! 빌어먹을 놈의 돌멩이."

여전히 사람들은 돌에 걸려 넘어질 뻔하고는 욕설을 퍼부으며 지나갔다. 얼마 후에 한 사나이가 목욕을 하러 왔다. 그 사나이도 돌에 걸려 넘어질 뻔했다. 이솝은 여전히 그 사나이를 지켜보고 있었다.

"웬 돌이 여기 박혀 있담!"

그 사나이는 단숨에 돌을 뽑아냈다. 그리고는 손을 툭툭 털더니 목욕탕 안으로 들어가는 것이었다. 이솝은 그제야 일어서더니 목욕탕

안에 들어가 사람 수를 헤아려보지도 않고 그냥 집으로 달려갔다. 이
솝은 주인에게 이렇게 말했다.

"선생님, 목욕탕 안에 사람이라곤 단 한 명밖에 없습니다."

192
나무꾼

어느 날 한사람이 산에서 열심히 톱으로 나무를 베고 있었다. 근처
를 지나던 다른 사람이 그것을 보고 있었다. 땀이 온몸에 흐르며 열
심히 나무를 썰고 있지만 그 나무가 잘 베어지고 있는 것 같지 않았
다. 톱이 녹이 슬고 무뎌져 있는 것 같아서 지나가던 사람이 물었다.

"지금 뭐하시는 겁니까?"

"보면 모르오? 나무를 자르고 있지 않소."

"잘 되십니까?"

"글쎄, 빌어먹을 잘 안 되고 있소."

"제 생각에는 잠깐 일을 멈추고 톱을 갈아서 다시 하시는 게 어떻
겠소?"

"제정신이요? 하루 종일 나무를 자르는데도 아직 반도 못 잘랐는
데, 톱을 갈 시간이 어디에 있겠소?"

그리고는 그 나무꾼은 계속 나무를 베고 있었다.

우물과 마음의 깊이

우물이 깊은지 얕은지는 돌멩이 하나를 던져보면 압니다. 돌이 물에 닿는데 걸리는 시간과 그 때 들리는 소리를 통해서 우물의 깊이와 양을 알 수 있는 것입니다.

사람마다 마음의 깊이는 다른 사람이 던지는 말을 통해 알 수 있습니다. 자신의 마음이 깊으면 그 말이 돌아오는데 시간이 오래 걸립니다. 그리고 깊은 울림과 여운이 있습니다. 누군가의 말 한마디에 흥분하고 흔들린다면 아직도 자신의 마음이 얕기 때문입니다.

마음이 깊고 풍성하면 좋습니다. 이런 마음의 우물가에는 사람들이 모이고, 갈증이 해소되며 새 기운을 얻게 됩니다.

194
사 막

사막이 아름다운 건 어디엔가 우물이 숨어 있기 때문이야.

그래, 집이든 별이든 사막이든 그것들을 아름답게 하는 것은 보이지 않는단다.

- 〈어린왕자〉 중에서 -

195
짧은 성공과 실패

내가 처음 그 여자를 발견한 것은 그녀의 새치기 때문이었습니다. 뒤늦게 와서 내 앞을 뚫고 먼저 버스에 올랐기 때문입니다. 버스 속에서 그 여자를 다시 주목한 것은 그녀의 옷차림 때문이었습니다. 입석 버스에서 제일 화려한 색깔의 옷을 입고 있었습니다.

계속해서 그녀의 거동을 관찰하게 된 까닭은 그녀의 집요한 좌석 사냥 때문이었습니다. 네다섯 명이 이미 손잡이에 매달려있는 버스에는 구태어 휘둘러보지 않아도 비어 있는 자리가 남아 있지 않음을 알 수 있습니다. 그럼에도 불구하고 그녀는 집요하게도 앉을 자리를 찾았습니다.

그녀가 승차하고 난 뒤 다음 정거장이던가. 그녀가 서 있던 곳에서 상당히 먼 앞쪽에 자리가 났습니다. 매우 빠른 동작이었지만 실패하였습니다. 다시 몇 개의 정류장을 지나고 나서 드디어 자리를 잡았습니다. 내게는 물론 그녀의 성공을 축하할 마음이 없었지만 그제야 나도 마음이 놓였습니다. 핸드백을 무릎위에 올려놓은 다음 이제 여유 있게 차창 밖을 내다보는 그녀의 얼굴은 행복했습니다.

그러나 그런 행복한 표정도 잠시뿐 마치 바늘을 깔고 앉은 듯 질겁하는 얼굴로 변했습니다. 그리고 부랴부랴 자리에서 일어났습니다. 내릴 채비였습니다. 그녀가 내려야 할 정류장을 그만 지나치고 말았다는 사실을 단번에 알아차린 사람은 아마 그 버스 속에서는 나 한 사람뿐이었을 것입니다. 나는 본의(?) 아니게도 그녀를 승차 때부터 계속 지켜보고 있었기 때문입니다. 나는 본의 아니게도 그녀가 두고 떠난 좌석에 앉았습니다.   창밖을 내다보았습니다.

8차선 횡단보도를 건너고 있는 그녀의 모습이 눈에 들어왔습니다. 그녀는 굽 높은 구두로 종종걸음을 치고 있었습니다. 너무나 짧았던 그녀의 행복을 생각했습니다. 너무나 빨리 뒤바뀐 그녀의 성공과 실패를 생각했습니다.

- 신영복 〈나무야 나무야〉 중에서 -

196
나눔과 빼앗김

어느 아가씨가 공원벤치에 앉아 고즈넉이 해바라기를 하고 있는 노신사 옆에 자리를 잡고 앉았다. 조금 남아 있는 책을 마저 보고 갈 참이었다. 조금 전 가게에서 사온 크래커를 꺼냈다. 그녀는 크래커를 하나씩 집어 먹으며 책을 읽어 나가기 시작했다.

시간이 얼마쯤 흘렀다. 크래커가 줄어가는 속도가 왠지 빠르다 싶어 곁눈질로 보니, 아니! 곁에 앉은 그 노신사가 슬며시 자기 크래커를 슬쩍슬쩍 빼먹고 있는 것이 아닌가!

그녀는 화가 은근히 났지만 무시하고 크래커를 꺼내 먹었는데, 그 노신사의 손이 슬쩍 다가와 또 꺼내 먹는 것이었다. 눈은 책을 들여다보고 있었지만, 이미 그녀의 신경은 크래커와 밉살스러운 노신사에게 잔뜩 쏠려 있었다.

크래커는 그 둘 사이에서 조금씩 줄어들었고, 결국 마지막 한 개가 남았다. 그녀는 참다못해 그 노신사를 향해 고개를 돌리고, '뭐 이런 웃기는 노인이 다 있어?'하는 강렬한 눈빛으로 노려보았다.

그 노인은 그런 그녀를 보고 부드럽게 씨익 웃으며 소리 없이 자리를 뜨는 것이었다. 별꼴을 다 보겠다고 투덜대며 자리를 일어나려던 그녀는 깜짝 놀랐다. 그녀가 사가지고 온 크래커는 새 것인 채로 무릎 위에 고스란히 놓여 있었다.

그녀는 자신이 그 노신사의 크래커를 집어 먹었다는 사실을 그제야 깨달았다. 오히려 자기 것을 빼앗기고도 부드럽게 웃던 노신사. 하지만 그 노신사는 정신없는 그 아가씨에게 크래커를 빼앗긴 게 아니고, 나누어 주었던 것이다. 제 것도 아닌데 온통 화가 나서 따뜻한 햇살과 흥미로운 책의 내용조차 잃어버린 그 아가씨는 스스로에게 이 좋은 것들을 빼앗긴 것이다.

"빼앗기는 것과 나누는 것."

어떤 삶을 살아갈 것인가는 마음에 따라 다르다.

197
플라타너스 나무

플라타너스 나무 밑에서 두 남자가 이야기를 나누고 있습니다.

"이렇게 쓸모없는 나무도 없을 거야."

"맞아, 목재로도 쓸 수 없고, 열매로도 먹을 수 없으니..."

그래도 나무는 묵묵히 서 있습니다. 이렇게 생각하면서 말이지요.

"지금 당신들이 쉬고 있는 이 넉넉한 그늘은 내가 만들고 있는 것이지요."

마법의 돌

　어떤 가난한 사람이 마법의 돌에 대한 정보를 입수하게 되었습니다. 마법의 돌은 여타의 금속을 순수한 금으로 변화시킬 수 있는 조그마한 수정이며, 기록에는 그 조그만 돌이 흑해의 해변에 있다고 적혀 있었습니다. 그런데 그 돌은 아주 비슷하게 보이는 수많은 자갈 중에 있다고 했습니다. 다만, 이 돌을 구별하는 유일한 방법은 온도인데 이 돌이 보통의 자갈보다 따스하게 느껴진다는 것이었습니다.

　그는 가진 것을 모두 팔아 간단히 먹을 수 있는 음식과 몇 가지 짐을 꾸려 무작정 흑해로 떠났습니다. 흑해의 바닷가에 이르러 텐트를 치고 자갈들을 하나하나 조사해 나가기 시작했습니다. 그는 자갈을 집어 들어 그것이 차가우면 던져버리기로 하고 차례차례 집어서 바다에 던지기 시작했습니다. 온종일 수많은 자갈을 집어 던지는데 시간을 보냈지만, 그가 집어든 자갈 중에 마법의 돌은 없었습니다. 그렇게 일주일, 한 달, 일 년, 삼 년이 흘렀습니다. 그러나 그때까지 그는 마법의 돌을 찾지 못했습니다. 그래도 그 일을 계속했습니다.

　그러던 어느 날 아침, 드디어 그는 하나의 따뜻한 돌을 집어 들었습니다. 그러나 그 돌을 집어 들자마자 그는 습관적으로 바닷물에 던져 버리고 말았습니다. 돌을 바닷물 속에 던지는 '습관'이 그의 몸에 배어 버린 탓이었습니다. 그토록 원했던 것을 얻었음에도 불구하고 그는 오랜 습관으로 인해 그것을 자기 것으로 만들지 못했습니다.

199
눈에 보이는 게 전부가 아니다

두 천사가 여행을 하다가 어느 부잣집에서 하룻밤을 보내게 되었다. 그 집 사람들은 거만하여 저택에 있는 객실 대신 차가운 지하실의 비좁은 공간을 내주었다. 딱딱한 마룻바닥에 누워 잠자리에 들 무렵 늙은 천사가 벽에 구멍이 난 것을 발견하고는 그 구멍을 메워 주었다. 젊은 천사가 그 이유를 묻자 그는 이렇게 대답했다.

"눈에 보이는 게 다가 아니라네."

그 다음날 밤 두 천사는 아주 가난한 집에 머물게 되었는데, 농부인 그 집의 남편과 아내는 그들을 아주 따뜻이 맞아주었다. 있는 거라곤 얼마 되지도 않는 음식을 나누었을 뿐 아니라 자신들의 침대를 내주어 편히 잠잘 수 있도록 배려를 아끼지 않았다.

다음날 아침 날이 밝았다. 그런데 농부 내외가 눈물을 짓고 있는 것이 아닌가? 그들이 우유를 짜서 생계를 유지 할 수 있었던 유일한 소득원인 하나밖에 없는 암소가 들판에 죽어 있는 것이었다.

젊은 천사는 화가 나서 늙은 천사에게 어떻게 이런 일이 일어나게 내버려둘 수 있느냐고. 부잣집 사람들은 모든 걸 가졌는데도 도와주었으면서 궁핍한 살림에도 자신들이 가진 모든 것을 나누려 했던 이들의 귀중한 암소를 어떻게 죽게 놔둘 수 있느냐고 따졌다. 그러자 늙은 천사가 대답했다.

"눈에 보이는 게 다가 아니라네. 우리가 그 저택 지하실에서 잘 때 난 벽 속에 금덩이가 있는 것을 발견했지. 그 집 주인은 탐욕으로 가득 차 있어서 자신의 부를 나누려 하지 않았기 때문에 나는 벽에 난 구멍을 봉해서 그가 금을 찾지 못하게 한 것일세. 어젯밤 우리가 농부의 침대에서 잘 때는 죽음의 천사가 그의 아내를 데려 가려고 왔었네. 그래서 대신 암소를 데려 가라고 했지. 눈에 보이는 게 다가 아니라네."

<h2 style="text-align:center">200</h2>

<h1 style="text-align:center">채 근 담</h1>

23

남의 잘못 꾸짖을 때

너무 엄격하게 굴지 말고

그 사람 견딜 만한지 생각해보라.

남의 행실 가르칠 때

너무 고고하게 굴지 말고

그 사람 따를 만한지 헤아려보라.

24
더러운 굼벵이 매미가 되면
가을 바람에 맑은 이슬 마시고
빛 없는 썩은 풀 반딧불 되면
여름 달밤에 밝은 광채 내뿜는다.
참으로 알겠도다.

깨끗함이란 더러움에서 생겨나고
밝음이란 어둠에서 생겨나는 것임을.

82
성긴 대나무 숲에 바람이 불면
바람이 지나간 뒤
대나무 그 소리를 남기지 않는다.

차디찬 연못 위로 기러기 날면
기러기 지나간 뒤
연못은 그 그림자를 남기지 않는다.

그러므로 군자는
일이 생기면 비로소 마음이 나타나고
일이 지나고 나면 마음도 따라서 비워진다.